Büchermorde
Mordsbücher

LAMBERT SCHNEIDER

Am besten lesen.   *Am besten lesen.*   *Am besten les*

Thomas Kniesche

BÜCHERMORDE
MORDSBÜCHER

Die Deutsche Nationalbibliothek verzeichnet diese
Publikation in der Deutschen Nationalbibliografie;
detaillierte bibliografische Daten sind im Internet über
http://dnb.d-nb.de abrufbar.

Der Lambert Schneider Verlag ist ein Imprint der WBG

© 2016 by WBG (Wissenschaftliche Buchgesellschaft), Darmstadt
Die Herausgabe des Werkes wurde durch die Vereinsmitglieder
der WBG ermöglicht.
Redaktion: Elke Austermühl, Berlin
Satz: Lohse Design, Heppenheim
Umschlaggestaltung: Harald Braun, Berlin, unter Verwendung
einer Illustration von Karel Rafferty, UK
Gedruckt auf säurefreiem und alterungsbeständigem Papier
Printed in Germany

Besuchen Sie uns im Internet: www.lambertschneider.de

ISBN 978-3-650-40160-1

Elektronisch sind folgende Ausgaben erhältlich:
eBook (PDF): ISBN 978-3-650-40161-8
eBook (epub): ISBN 978-3-650-40162-5

INHALT

Von Büchern
und Bluttaten

Zugegeben: »Büchermorde« ist nur ein anderes Wort für Kriminalroman. Denn der Kriminalroman ist ein Buch, in dem Morde geschehen, und zwar Morde in der fiktionalen Welt der Literatur – nicht in der Wirklichkeit.[1] Aber Büchermorde sind nicht nur Morde, die ausschließlich in Büchern geschehen, es sind auch Morde, die wegen, mit und im Umfeld von Büchern, also zum Beispiel in Bibliotheken[2], begangen werden. Dass es sich lohnt, die Bücher, die hier vorgestellt werden, zu lesen, versteht sich von selbst. Es sind eben »Mordsbücher« in dem Sinne, in dem man von einer »Mordsgaudi« als einem großen Spaß spricht.

Aber muss es im Kriminalroman immer gleich um Mord gehen? Nach den Richtlinien der klassischen Detektivgeschichte hat man die Frage zu bejahen. In einer der bekanntesten Regelsammlungen dieser Art wird festgelegt: »Im Detektivroman muß es ganz einfach eine Leiche geben, und je toter sie ist, desto besser.«[3] Denn andernfalls lohne es sich gar nicht, solche Romane und Erzählungen zu schreiben und zu lesen. Dass diese Regel nicht immer eingehalten wurde, steht auf einem anderen Blatt. Schon die ersten drei Sherlock-Holmes-Geschichten kamen ohne Leiche aus[4], was dem Erfolg des berühmtesten Detektivs der Weltliteratur durchaus keinen Abbruch getan hat. Aber hier soll es, wie gesagt, ums Ganze gehen – gemäß der Regel, dass auch ein Bücherkrimi eine Leiche haben muss, wie sie toter nicht sein kann. Und – keine Angst! (oder gerade doch?) – davon wird es in den folgenden Kapiteln genug geben.

Von Anfang an sah man eine enge Verbindung zwischen Detektiven und Büchern. Jene Detektivgeschichte, die für die gesamte Gattung stilbestimmend werden sollte, verdankt ihr Zustandekommen der Liebe zu Büchern. Die »erste Begegnung« zwischen einem anonym bleibenden Erzähler und dem Amateurdetektiv C. Auguste Dupin »fand in einer kleinen Buchhandlung in der Rue Montmartre statt«.[5] Der aus wohlhabender Familie stammende, aber nun verarmte Dupin hat sich als einzigen Luxus, dem er noch frönt, seine Leidenschaft zu Büchern bewahrt – und wo kann man diese Leidenschaft besser pflegen als bei den Buchhändlern und Antiquaren von Paris? Dort lernt ihn in *Der Mord in der Rue Morgue* jener Erzähler kennen, der von den Abenteuern des brillanten Detektivs berichten wird.

Edgar Allan Poes Dupin ist aber bei weitem nicht der einzige fiktive Detektiv, der zugleich Buchliebhaber und -sammler ist. Auch Sherlock Holmes besitzt eine kleine Bibliothek. Zwar ist sie auf wenige Spezialgebiete – wie die Geschichte der Kriminalität – beschränkt, aber im Laufe

seiner langen Karriere als »Detektivberater«[6] oder als »inoffizieller Berater und Helfer für jeden, der absolut ratlos ist«[7], konsultiert er diese Büchersammlung immer wieder. Auf Sherlock Holmes folgen Ermittlerfiguren wie S. S. Van Dines Philo Vance, R. Austin Freemans John Thorndyke, Rex Stouts Nero Wolfe, Elizabeth Dalys Henry

Gamadge oder Dorothy Sayers' Lord Peter Whimsey. Sie alle kennzeichnet eine ausgeprägte Leidenschaft für Bücher – was dazu führt, dass sie manchmal als etwas verschrobene, aber doch immer als sympathische, ehrliche, intelligente, verlässliche, traditionsbewusste und humanistisch gebildete Figuren erscheinen. Wer Bücher liebt, kann kein schlechter Mensch sein.

Wie ein Kenner der Detektivliteratur feststellte, gehört der »Konnex von Detektorik und Bibliophilie« zur »Topik des Detektivromans«[8], die Liebe der Detektive zum Buch ist also festes Motiv dieses Genres.

Aber die Liebe zum Buch kann sich auch derartig steigern, dass sie zur perversen Leidenschaft und zur Obsession wird. Der Oberbegriff für alle diese Abirrungen lautet »Bibliomanie« (von gr. *biblíon* = das Buch und *manía* = der Wahn). Es handelt sich um einen medizinischen Fachbegriff für eine Krankheit mit Suchtcharakter. Zu ihren Symptomen gehört u. a. die »Beschaffungskriminalität«[9], die in literarischen Darstellungen nur allzu oft tödlich verläuft[10]. In Krimis eröffnet sich für das Thema Bibliomanie natürlich ein weites Anwendungsfeld. Da sind zuerst einmal die krankhaften Büchersammler. Eine kleine Übersicht zeigt, dass sie zu allen Zeiten vertreten waren und auch in unseren Tagen noch zu finden sind. Zu den berühmtesten gehören Apellikon von Teos (in der Antike), Papst Innozenz X. (1574–1655) und Conte Libri Carucci della Sommaja (der 1869 starb).[11]

Es gibt aber auch die Bibliophagen oder Bücherfresser und Büchertrinker, die sich die Objekte ihrer Begierde regelrecht einverleiben müssen. Wenn wir sagen, dass wir ein Buch »verschlingen«, meinen wir das im übertragenen Sinn. Wir sprechen dann von einer Lektüre, die derartig fesselnd ist, dass wir alles um uns her vergessen, bis wir das

Buch ausgelesen haben. Von einem wahren Bücherfresser oder -trinker im wörtlichen Sinn spricht dagegen die Offenbarung des Johannes, wo davon berichtet wird, dass der Apostel das Buch buchstäblich verschlingt;[12] ein bekanntes Bild von Albrecht Dürer zeigt diese Szene. Am Ende von Umberto Ecos Roman *Der Name der Rose* (über den später mehr zu sagen ist) tritt ein solcher Bücherfresser in Gestalt des Mönchs Jorge auf. Und Klaas Huizings Roman *Der Buchtrinker* verwendet die Geschichte des Bibliomanen Johann Georg Tinius aus dem 19. Jahrhundert (darüber ebenfalls später mehr) als Folie, um über einen Bücherfreak von heute zu schreiben.

Historisch gesehen meint das »Verschlingen von Büchern« deren massenhafte Lektüre. Diese Begriffsbedeutung setzt den Wandel des sogenannten intensiven Lesens zum extensiven Lesen voraus, der an der Wende vom 18. zum 19. Jahrhundert stattfand. Bis dahin hatte man wenige Bücher immer wieder gelesen. Meist war das die Bibel oder ein Buch mit Kalendergeschichten. Erst nach der weitgehenden Alphabetisierung im Laufe des 19. Jahrhunderts und zu einer Zeit, als Bücher durch die Vereinfachung und Verbreitung des Buchdrucks billiger und damit für viele erschwinglich wurden, setzte das extensive Lesen, also das weniger gründliche Lesen möglichst vieler Bücher ein. Damit wurde auch die Bibliomanie als Vielleserei möglich.

Andere Vertreter der Bibliomanie sind der Bibliotaph (gr. *taphos:* Grab) – das ist »jemand, der zwanghaft seine Bücher verbirgt«[13] –, der Biblioklast oder Bücherzerstörer sowie der Büchernarr. Unter Letzterem verstand man schon seit dem griechischen Satiriker Lukian den nichtlesenden Scheingelehrten, der sich als bloßer Büchersammler betätigt.[14]

Nicht immer führen
die Varianten der Bibliomanie zu Verbrechen oder gar Mord,
aber in jedem Fall geben sie Einblicke in
menschliche Abgründe. Wenn sich die Liebe zu
Büchern zur Büchersucht steigert, dann zeigt sich, dass
alle Hemmungen fallen und die Gier die Vorherrschaft
gewinnt – ob es nun um den Besitz eines bestimmten Werks
geht oder einfach nur darum, möglichst viele Bücher
anzuhäufen.

Berühmte historische Fälle dieser Art und ihre literarischen Verarbeitungen werden in den ersten beiden Kapiteln vorgestellt. Wie wir schon gesehen haben, werden
Detektive bereits in den frühesten Kriminalgeschichten als
Bücherliebhaber charakterisiert. Deshalb liegt es nahe, dass
Menschen, die hauptberuflich mit Büchern zu tun haben,
sich auch detektivisch betätigen. In Kapitel 3 zeigen Bibliothekare und Buchhändlerinnen, warum sie so erfolgreiche
Ermittler sein können. Dass man mit einem Buch auf in-
direkte oder sogar sehr handfeste Weise aber auch einen
Mord begehen kann, demonstriert Kapitel 4. Hier geht
es um das mörderische Potential von Büchern, das sich
manchmal auf sehr ungewöhnliche Art manifestiert. Warum ein Mord nicht in eine Bibliothek passt, gerade deshalb
aber oft dort begangen wird, erläutert Kapitel 5. An bei-
spielhaften Romanen aus dem *Golden Age* des Kriminalromans wird hier gezeigt, dass gerade ein Mord in einer
Bibliothek als ein unerhörter Skandal empfunden wird.
Kapitel 6 führt in die Welt des in Deutschland nicht sehr ver-

breiteten, dafür aber in den angelsächsischen Ländern sehr beliebten Campus-Krimis ein. An ihm lässt sich ablesen: Wenn Akademiker in Streit geraten, kann es recht leidenschaftlich zugehen, und auch auf dem Campus schreckt man vor Mord nicht zurück – insbesondere dann nicht, wenn es um Bücher geht. In Kapitel 7 schließlich wird es gänzlich unheimlich. Denn hier kann man erleben, was alles geschehen kann, wenn die Grenze zwischen Buch und Wirklichkeit, auf die wir uns als Leser gerade bei Kriminalromanen verlassen, plötzlich durchlässig wird und der Mord in unsere eigene Welt eindringt.

Die in den einzelnen Kapiteln beschriebenen Romane und Erzählungen decken ein breites Spektrum ab. Der Bogen reicht von älteren und teilweise klassischen Detektivromanen der Zwischenkriegszeit bis zu Kriminalromanen[15] der Gegenwart, von englischen und US-amerikanischen Autoren und Autorinnen bis zu solchen aus anderen europäischen Ländern und aus Südamerika.

Die folgenden Kapitel müssen nicht in chronologischer Reihenfolge gelesen werden. Hier wird kein historischer Leitfaden vorgelegt, und es wurde weder eine strenge Systematik verschiedener Büchermorde noch Vollständigkeit angestrebt. Manche Bücher hätte man unter mehreren Überschriften besprechen können. Deshalb kann der Leser mit dem Kapitel beginnen, das ihn am meisten interessiert.

Wer sich näher informieren will oder weitere Literaturempfehlungen sucht, sei hingewiesen auf den »Krimi-Navigator« von Thomas Wörtche[16], der zum Stichwort »Bücher« eine umfangreiche Titelliste zusammenstellt (einige der dort genannten Bücher werden im vorliegenden Band diskutiert). Diese Krimis spielen im Umfeld von Autoren und Autorinnen, die zu Tatverdächtigen werden, es geht um Manuskriptfunde, um Buchhändler bzw. Buchhändlerinnen und Krimiautoren als Ermittler, um Morde in der Verlagswelt, um Todesfälle bei Literaturwettbewerben, um Morde nach literarischen Vorbildern und um Bücherdiebstähle, die durch Morde verschleiert werden sollen.

Doch sei zum Thema Büchermorde an dieser Stelle noch Folgendes bemerkt: Müsste man nicht heute in diesem Zusammenhang auch auf den Büchertod zu sprechen kommen, also auf den absehbaren Tod des Buches? Angesichts der Verbreitung neuer digitaler Medien wie des Internets und des E-Books diskutieren wir mittlerweile schon seit geraumer Zeit, ob nicht das Buch selber stirbt oder zumindest vom Aussterben bedroht ist. Medienwissenschaftler wie Marshall McLuhan, Norbert Bolz oder Manuel Castells, die die Geschichte und die Theorie der Medien erforschen, haben diese Entwicklung aufmerksam verfolgt.[17] Ein Blick in die Tageszeitung oder in Wochenmagazine zum Thema Medienwandel – besonders im Vorfeld von Buchmessen – genügt, um zu sehen, wie sehr uns dieses Phänomen beschäftigt. Bücher werden zwar immer noch gekauft und gelesen, und es wird auch mit überzeugenden Argumenten dargelegt, dass Bücher nie ganz verschwinden werden. Aber wer den Büchermarkt beobachtet und die neuen Entwicklungen verfolgt, kann nicht übersehen, dass das gedruckte Buch das Monopol als Speichermedium und Datenträger, das es einmal hatte, verloren hat und dass es sich auf dem Rückzug befindet.

Das kann man mit guten Gründen beklagen, wird damit aber an der weiteren Entwicklung wenig ändern. Gerade deshalb lohnt es sich vielleicht, daran zu erinnern, wie oft um eines Buches willen gemordet wird, welch unterschiedliche Rollen Bücher in Kriminalromanen spielen können, welche zerstörerischen Leidenschaften von Büchern entfacht werden, wie wichtig ein Buch um seines Inhalts willen, aber auch aufgrund seines faszinierenden Äußeren sein kann. Ein Buch kann man ansehen und sich an seinem schönen Erscheinungsbild erfreuen, man kann es berühren und anfühlen, man kann sein Papier und seine Druckerschwärze riechen, und manche Menschen empfinden sogar Genuss dabei, ein Buch zu schmecken (aber da bewegen wir uns wieder im Bereich der Bibliomanie[18]). Bei digitalen Medien ist das alles nicht möglich, hier gehen die sinnlichen Eindrücke, die Bücher uns gewähren, verloren. Deshalb stellt sich die Frage, was ihr Verlust bedeuten würde.

Diese Sicht soll sich wie ein roter Faden durch dieses Buch ziehen: Was alles sind Menschen im Zeitalter des Büchertodes zu tun bereit, um in den Besitz eines Buches zu gelangen? Welch unersetzbaren Wert kann ein Buch für jemanden haben, der bereit ist, dafür zu morden? Wo berühren sich die Sphären des Buches und des Mordes, und welche Übereinstimmungen und Diskrepanzen entstehen dabei? Auch zur Klärung dieser Fragen wollen die Kapitel dieses Buches beitragen. Fairerweise sei an dieser Stelle noch darauf hingewiesen, dass dabei auch oft preisgegeben wird, wie die Krimis ausgehen. Ich habe versucht, nicht allzu viel zu verraten, aber manchmal ließ es sich leider nicht vermeiden.

1.

HISTORISCHE BÜCHERMÖRDER
UND IHRE LITERARISCHEN
DOPPELGÄNGER

Über berühmte Bücherdiebstähle gibt es viele Berichte. Selten enden diese Geschichten tödlich. Jedoch sind zwei Fälle mit einem solchen Ausgang überliefert. Auch wenn man jeweils nicht direkt von Mord sprechen kann, so enden sie doch tödlich: Menschen kommen auf gewaltsame Weise zu Tode bzw. werden Opfer einer Straftat, die – zumindest nach heutigen Maßstäben – der vorsätzlichen Tötung ziemlich nahe kommt.

In der Romanzeitschrift *Bibliothek der Unterhaltung und des Wissens* erschien im sechsten Band des Jahrgangs 1912 unter der Rubrik »Mannigfaltiges« eine kurze Abhandlung zum Thema »Berühmte Bücherdiebe«. Gleich der erste Fall, der dort referiert wird, ist ein Bücherdiebstahl mit tödlichen Folgen – in diesem Falle für den Bücherdieb. Erzählt wird die Geschichte eines »Magister Silvanus« aus Köln, der als Hauslehrer bei reichen Patrizierfamilien arbeitete.

Es war die Zeit nach der Erfindung des Buchdrucks, und die wohlhabenden Bürger der reichen Handelsstädte wetteiferten miteinander beim Aufbau wertvoller Bibliotheken. Anscheinend kam es dabei weniger auf den Inhalt der Bücher an als auf ihre Ausstattung: Einbände und Buchdeckel mit Schnitzereien aus Elfenbein und mit kostbaren Steinen besetzte »Goldarbeit« sollten den Reichtum der Besitzer solcher Bücher für alle sichtbar demonstrieren.

Das Buch galt als Statussymbol. Magister Silvanus soll sich dieses Besitzstreben und diese Vorzeigementalität auf ganz eigene Weise zunutze gemacht haben. Im Verlauf von nur zwei Jahren stahl er, so wird berichtet, die für damalige Verhältnisse ungeheure Zahl von 462 wertvollen Büchern und verkaufte sie nach Frankreich und Italien. Erwischt wurde er schließlich, als er beim Verlassen eines Patrizierhauses mit dem gerade heimkehrenden Hausherrn zusammenstieß und ihm dabei eine kostbar verzierte Bibel aus dem Mantel fiel. Die sofort einsetzenden Nachforschungen ergaben, dass gerade aus denjenigen Häusern wertvolle Bücher verschwunden waren, in denen der umtriebige Magister den Familiennachwuchs als Privatlehrer unterrichtet hatte. Magister Silvanus wurde am 2. September 1492 gehängt. Seine einträglichen Bücherdiebstähle hatten für ihn also fatale Folgen.

Ein anderer Fall dieser Art ereignete sich in England während der Herrschaft von Heinrich IV. (1367–1413). Ein gewisser John Leycester und seine Frau Cecilia wurden des Diebstahls eines Buches aus der Kirche von Stafford angeklagt.[1] Die amtlichen Dokumente weisen aus, was mit den Beschuldigten geschah: »Sus. per coll.« Das ist die Abkürzung für das lateinische *suspendatur per collum* = man möge ihn am Hals aufhängen (bis der Tod eintritt). Es mag heute verwundern, dass der Diebstahl von Büchern mit dem Tod bestraft wurde, aber für die Justiz dieser Zeit, die auch für Bagatellvergehen die Todesstrafe vorsah, muss der hohe Wert der gestohlenen Bücher die Härte der Bestrafung gerechtfertigt haben.

Über solche Bücherdiebe und ihr unrühmliches Ende wird zunächst in Chroniken, Berichten und Falldarstellungen erzählt, aber einige von Büchern besessene Bibliomanen, die es nicht beim bloßen Diebstahl beließen, sondern deren Obsession sie bis zum Mord trieb, brachten es in der Folge auch zu besonderen literarischen Ehren.

Einer der berühmtesten Büchermörder war Don Vincente, der in den 1830er-Jahren acht Morde[2] begangen haben soll, um seine Gier nach wertvollen Büchern zu befriedigen. Don Vincente war Mönch und Bibliothekar in einem Zisterzienserkloster in der Nähe von Tarragona im Nordosten Spaniens. Als das Kloster und die Bibliothek eines Nachts ausgeraubt wurden, verließ er den Orden und tauchte kurz darauf als Inhaber eines Buchantiquariats in Barcelona auf. Offenbar hatte er sich spontan mit den Räubern zusammengetan und selber die wertvollsten Bücher mitgehen lassen. Bald fiel er dadurch auf, dass er mehr Bücher kaufte als verkaufte, und besonders dadurch, dass er sich von wertvollen Büchern nicht trennen konnte.

Nachdem Don Vincente bei einer Auktion des einzigen verbliebenen Exemplars eines seltenen Buches aus dem Jahr 1482 von einem Buchhändlerkollegen überboten wurde, geschah es, dass drei Tage später der Laden dieses erfolgreichen Konkurrenten niederbrannte. In den Trümmern fand man die Leiche des Besitzers. Bald darauf ereigneten sich weitere Mordfälle in Barcelona, und immer waren die Opfer Besitzer wertvoller Bücher. Weil er nach der Auktion einen Wutanfall erlitten hatte, wurde Don Vincente als Hauptverdächtiger verhaftet. Bei einer Durchsuchung seines Hauses fanden sich neben dem besagten Exemplar aus dem Jahr 1482 auch Bücher, die den anderen Mordopfern in Barcelona gehört hatten. Don Vincente stritt zunächst alles ab. Doch als man ihm versicherte, seine Büchersammlung werde intakt bleiben, unabhängig davon, welche Strafe ihn ereilen werde, legte er ein Geständnis ab.

Bei der Gerichtsverhandlung argumentierte sein Verteidiger, dass es keine eindeutigen Beweise für die Schuld des Angeklagten gebe und dass die Anklage nur auf Indizien beruhe. Und wie erkläre er es dann, dass man das einzige Exemplar des bewussten Buches bei Don Vincente gefunden habe?, fragte der Ankläger. Woraufhin der geschäftige Verteidiger bewies, dass noch ein zweites Exemplar existierte. Als Don Vincente dies hörte, verlor er die Beherrschung und – mit dem Ausruf »Mein Exemplar ist nicht das einzige!« – anscheinend auch seinen Verstand. Bis zum Tag seiner Hinrichtung im Jahr 1836 wurde er nicht müde, diesen ungläubigen Ausruf immer wieder vor sich hin zu murmeln.

Damit aber nicht genug. Ein damals fünfzehnjähriger Schüler las von dem Fall Don Vincentes in einer Zeitungsnotiz mit dem reißerischen Titel *Das Ungeheuer von Barcelona*. Er schuf aus diesem Stoff die Erzählung *Bibliomanie* (Bücherwahn). Der junge Autor war kein Geringerer als Gustave Flaubert. Er nennt seinen mörderischen Bibliomanen Giacomo und verleiht dieser Gestalt deutliche Züge eines Bibliophilen, der auf liebevolle Weise mit Büchern und Handschriften umgeht. Giacomo liest Bücher nicht, er befühlt sie, er riecht an ihnen, er prüft ihre Einbände, erfreut sich an der Schrift und den Illustrationen – kurz: er verehrt sie als schöne Gegenstände und bewertet sie ausschließlich nach ihrer äußeren Schönheit.

Auch Flaubert greift die Auktion und den Brand sowie die Morde an anderen Besitzern wertvoller Bücher auf. Doch in seiner Erzählung rettet Giacomo das einzigartige Buch aus den Flammen des Hauses und beteuert, die Morde nicht begangen zu haben. Noch wichtiger ist die Schluss-pointe, die Flaubert der Geschichte gibt: Als sein Anwalt Zweifel an der Schuld seines Mandanten erzeugen will, indem er ein zweites Exemplar des Buches vorweist, durchkreuzt Giacomo die Absichten des Verteidigers und legt ein Geständnis ab, woraufhin er zum Tode verurteilt wird. Sein größter Wunsch und zugleich das Zeichen seines einzigartigen Bücherwahns war es gewesen, das einzige Exemplar eines Buches zu besitzen. Weil sich das als Illusion erwiesen hat, hat sein Leben für ihn keinen Sinn mehr. Er erbittet sich das von seinem Verteidiger aufgefundene zweite Exemplar noch einmal, zerreißt es in einem Wutanfall und schreit ihm ins Gesicht: »Sie haben gelogen, Herr Advokat! Ich habe es ja gesagt: es gibt nur ein Exemplar in Spanien!«[3]

Aber damit immer noch nicht genug: Auch Detlef Opitz hat in einem Roman, der eigentlich dem Fall des Magisters Tinius gewidmet ist (dazu gleich mehr), die Geschichte des Don Vincente noch einmal erzählt.[4] Hier sind es schon elf Morde, die Don Vincente zur Last gelegt werden[5]. An der Version von Opitz fällt auf, dass Don Vincente nicht mehr der kaltblütige Killer aus Büchersucht ist, der er in der Falldarstellung und bei Flaubert war. Im Gegenteil, jetzt ist er ein »Großer unter den Großen, ein Mitstreiter, Gefährte des Magisters [Tinius]« und »ein prächtiger Soldat also für die geheiligte Sache«.[6] Das ist eine merkwürdige Kehrtwendung und lässt den mordenden Bibliomanen in einem völlig neuen Licht erscheinen. – Aber was ist »die geheiligte Sache«, für die Don Vincente angeblich gestritten hat? Das lässt sich nur mit einem genaueren Blick auf die Geschichte des bereits erwähnten Magisters Tinius beantworten.

Kein Fall eines des Mordes angeklagten Büchersammlers hat die Gemüter über zweihundert Jahre lang so erhitzt wie der des Johann Georg Tinius, protestantischer Geistlicher in der kleinen Gemeinde Poserna bei Leipzig. Etwa dreihundert Publikationen, darunter die Autobiographie des Angeklagten, aber auch Zeitungsartikel, Abhandlungen, Falldarstellungen, ein Theaterstück, Erzählungen und Romane erschienen im Laufe der Zeit.[7] Die Bibliothek dieses prominenten Bibliomanen soll zwischen 30.000 und 60.000 Bände umfasst haben. Er kaufte manchmal ganze Sammlungen und Nachlässe, obwohl er als Pfarrer nur über ein bescheidenes Salär verfügte. Und auch als er die beträchtliche Mitgift seiner zweiten Frau eingestrichen hatte, machte er bald wieder Schulden, um seinem Bücherwahn frönen zu können.

Johann Georg Tinius wurde 1764 in einem kleinen Dorf in der Niederlausitz geboren. Obwohl er aus einfachen Verhältnissen stammte, fand er verschiedene Gönner, die ihm zuerst den Besuch des Gymnasiums in Luckau und dann auch das Studium der Theologie an der Universität Wittenberg ermöglichten. Dieses Studium schloss er mit dem Magistergrad ab und arbeitete dann zunächst als Lehrer an einem Gymnasium, während er sich gleichzeitig um eine Stelle als Pfarrer bemühte. Über einige Umwege wurde er schließlich 1809 Pfarrer in der kleinen Gemeinde Poserna in der Nähe von Leipzig in Sachsen.

Schon seit seiner Zeit als Lehrer sammelte er Bücher und gab dafür sein gesamtes Geld aus. Von Poserna aus fuhr er oft nach Leipzig, um dort mehr und immer mehr Bücher zu kaufen. Schon bald reichte der Platz in seinem Haus nicht mehr aus, und er musste einen Teil seines Bücherbestands in einer Scheune unterbringen. Auch falls seine Bibliothek, wie er selber angab, nur 40.000 Bände umfasst haben sollte, hätte man – einer klugen Berechnung zufolge – für die Unterbringung dieser Bücher doch immerhin ungefähr 222 Regale des »Klassiker[s] eines bekannten schwedischen Möbelhauses« benötigt.[8] Bei diesen Büchermassen und der enormen Kauflust des Pastors kann es nicht verwundern, dass Tinius immer mehr Schulden machte, bis er schließlich in eine finanzielle Notlage geriet. Dann ereigneten sich zwei Morde in Leipzig.

Am 27. Januar 1812 wurde der Kaufmann Friedrich Wilhelm Schmidt in seiner Wohnung niedergeschlagen und beraubt. Bankobligationen im Wert von 3000 Talern waren ihm gestohlen und dann in einer Bank eingelöst worden. Am 6. April erlag er seiner schweren Kopfverletzung. Von dem Täter fehlte jede Spur.

Im Februar des folgenden Jahres ereignete sich wiederum in Leipzig ein ähnliches Verbrechen. Ein Unbekannter verschaffte sich Zutritt zur Wohnung der 76-jährigen Witwe Kuhnhardt und verpasste ihr einen Schlag über den Kopf. Blutüberströmt brach sie zusammen und konnte nur wenige Aussagen machen, bevor sie das Bewusstsein verlor. Auch sie starb kurze Zeit später. Dieses Mal hatte der Täter kein Geld gefunden, aber er war von mehreren Personen beim Betreten und Verlassen des Hauses, in dem die Witwe wohnte, gesehen worden. Aufgrund dieser Zeugenaussagen und verschiedener Indizien wurde Johann Georg Tinius am 4. März 1813 verhaftet.

Was nun folgte, waren Untersuchungen und ein geradezu kafkaesk anmutender Prozess: Tinius saß zehn Jahre in Untersuchungshaft und wurde erst dann zu einer Zuchthausstrafe verurteilt. Insgesamt verbrachte er zweiundzwanzig Jahre im Gefängnis. Es gab mehrere Gründe, warum das Urteil erst nach so langer Zeit gesprochen werden konnte. Zunächst waren die Zeugenaussagen widersprüchlich, manchmal

widersprachen sich nach einiger Zeit sogar die Zeugen selber. Außerdem hatte man nur Indizien gegen Tinius in der
Hand, eindeutige Beweise ließen sich trotz aller Bemühungen nicht finden. Und schließlich, was sich besonders dras-
tisch auswirkte und wesentlich zu der langen Verzögerung
beitrug: 1815 wurde Poserna nach der Teilung Sachsens im
Gefolge des Wiener Kongresses und der Neuordnung
Europas nach der endgültigen Niederlage Napoleons preu-
ßisch, was ein unglaubliches Durcheinander in der Pro-
zessführung nach sich zog. Juristische Zuständigkeiten
mussten neu verhandelt und Prozessakten ausgetauscht
bzw. an die richtigen Stellen geleitet werden, und weil
dabei manches verloren ging, hatte man neu zu recher-
chieren.

Letztlich wurde Tinius 1823 wegen Mordes an der Witwe Kuhnhardt zu zwölf Jahren Zuchthaus verurteilt. Der
Überfall auf den Kaufmann Schmidt konnte ihm nicht
nachgewiesen werden. 1835 wurde er aus der Haft entlas-
sen. Er starb am 24. September 1846. Bis zuletzt beteuerte
er seine Unschuld.

Der Fall des Magisters Tinius hat die Phantasie und den
Forschungsdrang von Schriftstellern verschiedenster Art so
stark beflügelt wie wenig andere in der Geschichte des
Verbrechens. Eine der ersten Darstellungen, die in späteren
Zeiten noch enormen Einfluss auf die Beurteilung dieses
Büchermordes haben sollte, wurde 1843 im *Neuen Pitaval*
veröffentlicht, der seit 1842 in Leipzig beim Verlag F. A.
Brockhaus erschien.

*Der neue Pitaval. Eine Sammlung der interessantesten Crimi-
nalgeschichten aller Länder aus älterer und neuerer Zeit,* wie der
genaue Titel hieß, wurde herausgegeben von Julius Eduard
Hitzig (1780–1849) und Willibald Alexis (eigtl. Wilhelm
Häring, 1798–1871). Bis 1890 wurden 60 Bände aufgelegt,

deren 524 Schilderungen Kriminalfälle aus den Jahren 1397 bis 1889 berücksichtigten. *Der neue Pitaval* ist eine reichhaltige Quelle gruseliger Verbrechen und schauerlicher Geschichten, in denen die Abgründe menschlichen Verhaltens vermessen werden. Er ist aber auch ein interessantes Dokument davon, wie Kriminalität im 19. Jahrhundert verstanden wurde und wie man über Verbrechen schrieb, um ein möglichst breites Publikum zu erreichen.[9] Und das tat der *Neue Pitaval.* Seinen Erfolg kann man an der Zahl der erschienenen Bände und seiner Laufzeit ablesen.

Was war das Geheimnis dieses Erfolgs? Ein Faktor war, dass die Herausgeber gleichzeitig Kriminalisten und Schriftsteller waren. Hitzig war »Criminaldirector«, Wilhelm Häring, der die meisten Einträge schrieb, war zuerst Referendar am Kammergericht Berlin, bevor er sich ganz dem Schreiben widmete und sich hier besonders als Autor umfangreicher historischer Romane im Anschluss an Walter Scott hervortat. Er wurde zu einem der meistgelesenen deutschen Autoren des 19. Jahrhunderts.

Wichtiger noch als ihr Fachwissen war die neue Art dieser Autoren, über Kriminalfälle zu schreiben. Darstellungen von Fallgeschichten hatte es schon vorher gegeben. Den Anfang hatte der erste oder, wenn man so will, der

Alte Pitaval gemacht. Das waren die *Causes célèbres et intéressantes, avec les jugements qui les ont décidées,* also die *Berühmten und interessanten Rechtsfälle,* die der Advokat und Schriftsteller François Gayot de Pitaval in 20 Bänden von 1734 bis 1743 in Paris herausgegeben hatte. Pitaval hatte zahlreiche Nachahmer gefunden, aber sowohl er als auch seine Nachfolger wandten sich in erster Linie an ein juristisch bereits geschultes Publikum oder an Leser, die etwas über juristische Verfahren lernen wollten. Dementsprechend trocken und gewunden war auch der Stil, in dem diese Schriften daherkamen.

Das Team Brockhaus, Hitzig, Häring wollte etwas Anderes und Neues: einen Schreibstil, der zwischen juristischer Verfahrensdarstellung und freier literarischer Erfindung eine dritte Möglichkeit realisierte. Ihr Programm bestand darin, aufbauend auf solider juristischer Kompetenz und genauer Kenntnis der Fakten den Fall so darzustellen, dass immer die Tat und der Täter im Vordergrund standen oder, wie sie es selber im Vorwort zum ersten Band ausdrückten: »die lebendige Darstellung der Handlung, der That und ihrer Motive«[10].

Das hatte zur Folge, dass man, ausgehend vom Urteil, das immer als angemessen und gerecht vorausgesetzt wurde, zurückging auf die Person des Täters, sein soziales Milieu und seine Lebensumstände, seine Biographie und sein psychologisches Profil (wie man heute sagen würde). Aus diesen Umständen wurde erklärt, oder besser: erzählt, wie das Verbrechen zustande kam. Grundlage der Darstellung war einerseits die Realität, wie sie sich in der Aktenlage präsentierte. Auf der anderen Seite sollte aber auch spannend und verständlich geschildert werden, wer der Verbrecher war und wie es zur Tat kam. Eine kritische Sicht auf das Justizwesen war dagegen nicht vorgesehen, im Gegenteil: Die Justiz und ihre Vertreter hatten immer Recht, an ihrer Weisheit war nicht zu zweifeln, und jede Geschichte hatte eine Moral, die für jedermann nachvollziehbar war. Diese Schreib- oder Darstellungsstrategie erwies sich in der Mitte des 19. Jahrhunderts als überaus erfolgreich.

Der vierte Band des *Neuen Pitaval* enthält die Geschichte des Magisters Tinius[11]. Zunächst werden die Fakten der gerichtlichen Untersuchung dargelegt und berichtet, wie der Verdacht auf Tinius fiel. Das große Rätsel, dem man sich anschließend zuwendet, ist nicht die Frage nach der Identität des Mörders, sondern wie es dazu kommen konnte, dass Johann Georg Tinius diese Tat beging. Tinius war immerhin Pfarrer, Familienvater, ein Mann von Bildung und Verstand! Die Erklärung war aber schnell bei der Hand, als man seine Bibliothek gefunden hatte. 60.000 Bände in der Hausbibliothek eines Landgeistlichen – das war ein klarer Fall von Bibliomanie!

Aber dies allein reichte als Erklärung nicht aus. Trotz aller Bemühungen blieb der psychologische Hintergrund des Falles unklar. Die Indizien hatten zwar nach Meinung des Gerichts zu einer Verurteilung ausgereicht. Aber die letzte Frage, »wie ein Mann von solcher Verstandeskraft, seiner Bildung, wie ein Geistlicher seine Bücherliebe bis zu der Raserei der Leidenschaft steigern konnte, [...] wie Tinius ein kaltblütiger Raubmörder werden konnte, der mit Vorbedacht und entsetzlicher Consequenz Mord und Raub als Geschäft betrieb«[12], diese Frage blieb offen. Die Geschichte von Magister Tinius, wie sie im *Neuen Pitaval* erzählt wurde, stieß hier also offensichtlich an die Grenzen ihrer Erklärungskraft.

Und genau an diese Erklärungslücke knüpft ein sehr viel neuerer Text an: der 2005 erschienene Roman *Der Bücher-*

mörder von Detlef Opitz. Eigentlich hatte der Autor den Auftrag, über etwas ganz anderes zu schreiben, aber dann erregte der Fall des Magisters Tinius seine Aufmerksamkeit. Und das kam so:

Detlef Opitz bekommt den Auftrag, einen Begleittext zu einem Fotoband über Goethe zu schreiben, stößt dann aber in der Sophienausgabe[13] (das ist die Goethe-Ausgabe, in der alles, aber auch wirklich – fast – alles steht, was Goethe je geschrieben hat) auf den Namen des Magisters Tinius. Wer war das? Das Lexikon (es muss ein altes gewesen sein) verrät: »Räuber und Mörder aus Büchersammelwuth.« Das Stichwort Büchersammelwut führt bei Opitz, der selber Bibliophiler ist, zur dichterischen Initialzündung: »Pfaffe, Killer, Bibliomane!«[14] – dem musste nachgegangen werden. Ein neues Buchprojekt war geboren, was bedeutete, dass erst einmal recherchiert werden musste. Und das tat der Autor dann auch – und zwar sieben Jahre lang.

Als Resultat der umfangreichen Forschungs- und Ermittlungsarbeit ergibt sich für Opitz, dass die Geschichte des Falles ganz neu geschrieben werden muss, denn alles, was bisher berichtet wurde, ist unzulänglich. Mit dem vorliegenden Material zum Fall Tinius geht er denn auch hart ins Gericht. Die Texte seien »so zahlreich wie armselig und hilflos«, und die Zeitungsartikel über den Fall seien »der üppliche (!) Dreck«.[15] Besonders die bis dahin als Standardquelle geltende Abhandlung im *Neuen Pitaval* wird heftig kritisiert. Opitz wirft ihr vor, sie sei unlesbar und voreingenommen und stecke voller »Schlampigkeiten«. Vor allem bemängelt er, dass man nichts über den Angeklagten als Menschen erfahre, sondern nur das, was in den Akten stehe. Die Autoren der Abhandlung, also Hitzig und Häring/Alexis, hätten Tinius noch persönlich sprechen können, wenn sie sich darum bemüht hätten. Stattdessen hätten sie sich aber auf die Akten verlassen und ihn »bis in alle Ewigkeiten schuldig« geschrieben: »Schande! Schade! Wirklich schade ...«[16]

Opitz rollt den Fall ganz neu auf, und zwar in Form eines Romans mit dem Untertitel »Ein Criminal«. Dieser Untertitel lässt sich sowohl auf den vermeintlichen Kriminellen Tinius wie auch auf die Gattung des vorliegenden Romans beziehen. Zum Kriminalroman wird *Der Büchermörder* aber nicht, weil hier die Taten eines Mörders geschildert werden, sondern deshalb, weil der Roman aus der Perspektive eines Erzählers geschrieben ist, der sich als Detektiv betätigt, um die wahren Geschehnisse um die Leipziger Büchermorde aufzuklären. Und genau das ist der entscheidende Ansatz in Opitz' Roman. Denn jetzt beginnt die Suche nach den ursprünglichen Informationen zum Fall des Magisters Tinius. Und die Geschichte dieser Recherche ist ebenso spannend wie die Geschichte der beiden historischen Morde.

Die offiziellen Untersuchungsakten zum Fall Tinius waren nach der üblichen Frist im Jahr 1855 makuliert, d. h. vernichtet worden. Diese Information war für Opitz aber kein Grund, die Suche aufzugeben. Und tatsächlich gelang es ihm, die Akten wieder aufzufinden.

Der Bremer Verleger, Antiquar und Buchliebhaber Hans Kasten hatte eine umfangreiche Materialsammlung zum Fall Tinius angelegt, um ein Buch zu schreiben, was dann aber nie verwirklicht wurde. Unter diesem Material befanden sich auch die verloren geglaubten Akten, aus denen er schon 1932 einige Faksimiles publiziert hatte. Kasten hatte die Akten 1930 von einem Leipziger Antiquar gekauft. Woher der sie erhalten hatte, konnte nicht mehr ermittelt werden. Jedenfalls waren die besagten Akten in den dreißiger Jahren aufgetaucht, verschwanden aber bald wieder. Denn nach Kastens Tod 1959 wurde sein Nachlass bei einer Auktion 1961 versteigert. Den Zuschlag erhielt ein Bieter aus den USA. Dort verlor sich die Spur der Akten erneut.

Aber unser Autor/Detektiv gab nicht auf und fand heraus, dass ein Antiquariat Martin Breslauer in New York (vormals London, davor Berlin) das Konvolut ersteigert hatte. Dessen Sohn und Nachfolger Bernd Breslauer erinnerte sich noch an die Sammlung Kasten, aber was dann mit ihr geschah, konnte der immerhin 80-Jährige beim besten Willen nicht mehr sagen. Opitz stand am »Punkt Null in NY«[17], *ground zero* also für den Bücherdetektiv. Was tun?

Obwohl er nicht weiß, wie die Recherche weitergehen soll, reist Opitz nach New York. Bei einem Besuch der berühmten New York Public Library wird er am Ende fündig. Dort ist der Nachlass von Hans Kasten einschließlich der Prozessakten verzeichnet. Er liegt im Magazin der Houghton Library, Harvard University, Cambridge, Massachusetts, nicht weit weg von New York. Für Fotokopien – wohlgemerkt, nur für Kopien des Materials – bezahlt der reisende Ermittler 1500 Dollar und leitet damit »eine neue Ära der Tinius-Literatur«[18] ein.

Denn jetzt stehen zum ersten Mal seit dem *Neuen Pitaval* wieder die ursprünglichen Gerichtsdokumente zum Fall zur Verfügung. Der Rest ist Geschichte, und zwar diejenige Geschichte des Magisters Tinius, die Opitz in seinem Roman ganz neu schreibt. In dieser Geschichte geschieht vor allem eins: Es werden Zweifel gestreut an der Schuld des Magisters Tinius bzw. an dem Vorwurf, ein Büchermörder gewesen zu sein. Grundlage dieser Neueinschätzung des

Falls ist der kritische Umgang mit dem Material. Opitz nimmt Zeugenaussagen genau unter die Lupe, entlarvt Voreingenommenheiten und Vorverurteilungen, führt gewisse Aussagen auf Geltungssucht und Imponiergehabe zurück und macht auf den dringenden Wunsch der Ermittler und Juristen aufmerksam, den Fall zu einem irgendwie befriedigenden Abschluss zu bringen.

Auf diesem Hintergrund erscheint der Magister Tinius in einem ganz neuen Licht, nämlich als unschuldig Verfolgter, der aufgrund verschiedener unglücklicher Zufälle ins Visier von Ermittlern gerät, die von Anfang an von seiner Schuld überzeugt sind, ohne dafür stichhaltige Gründe zu haben. Seine größte Sorge nach seiner Verhaftung gilt seinen Büchern. Es ist schließlich die Zeit der Napoleonischen Kriege, und niemand weiß, wie sich die Soldateska der verschiedenen Kriegsparteien verhalten wird, wenn sie auf seine Büchersammlung stößt.

Was bleibt am Ende? War Tinius der Büchermörder von Leipzig oder war er es nicht? Klaus Seehafer, der, aufbauend auf dem Roman von Opitz und dessen Forschungen, mit seinem Buch *Magister Tinius* die bisher letzte Biographie über diesen angeblichen Büchermörder geschrieben hat, räumt ein, dass er, fände sein Prozess heute statt, wahrscheinlich aus Mangel an Beweisen freigesprochen werden müsse.[19] Johann Georg Tinius galt über 150 Jahre lang als das Paradebeispiel des bibliomanen Büchermörders. Ob er es wirklich war, wissen wir nicht. Auf jeden Fall aber war er, wie auch sein Zeitgenosse Don Vincente, ein treuer Streiter für die Sache des Buches.

2

DAS BUCH ALS OBJEKT DER BEGIERDE: WARUM BIBLIOPHILE MORDEN

E s ist schon merkwürdig: Manchmal will jemand ein Buch unbedingt besitzen, obwohl ihm der Inhalt gleichgültig ist und ihn die Lektüre gar nicht interessiert. Wozu will er dann ein Buch um jeden Preis – auch den eines Mordes – in seinen Besitz bringen, wenn er es überhaupt nicht lesen will? In solchen Fällen geht es nicht um das, was im Buch steht, was man ihm lesend entnehmen kann, sondern um das Buch als bloßen Gegenstand, als reines Objekt, als ein Objekt der Begierde. Ein Objekt der Begierde ist etwas, das eine unbezähmbare Leidenschaft nach Besitz entfacht – einen Wunsch, der so stark ist, dass nichts ihm im Wege stehen darf.

Die beiden Büchersammler und Bücherliebhaber Umberto Eco und Jean-Claude Carrière haben in einem langen Gespräch die Geschichte des Buches und seine Zukunft im Zeitalter der digitalen Medien erörtert. Sie kennen solche bibliophilen Begierden und haben sich ausführlich über dieses Thema ausgetauscht – wobei ich keinem der beiden unterstellen möchte, dass ihre Bibliophilie auf unlauteren Motiven beruht oder sie zu unlauteren Handlungen verführen könnte. Aber sie wissen um »die pure Liebe zum Objekt Buch« und um den Wunsch, es »als solches zu schützen, es intakt, jungfräulich zu bewahren«.[1]

Der Hinweis auf ihre Jungfräulichkeit lässt durchscheinen, dass man solche begehrenswerten Bücher geradezu als weibliche Wesen auffasst, deren Reinheit unbedingt erhalten werden muss. Eine derartige Fetischisierung des Buches kann bei anderen und weniger abgeklärten Buchliebhabern als Eco und Carrière dazu führen, dass ihnen jedes Maß verloren geht und sie auch ein Verbrechen nicht scheuen, um sich in den Besitz des begehrten Objektes zu bringen. So wundert es nicht, dass das unbedingte Verlangen nach Büchern auch immer wieder zum Stoff von Kriminalromanen gemacht wurde.

Ein Buch oder Manuskript kann aus materiellen wie auch aus ideellen Gründen um seines bloßen Wertes als Gegenstand (und eben nicht um seines Inhaltes willen) begehrt werden. Besonders anfällig für entsprechende Begierden sind Menschen, die sich von Berufs wegen mit Büchern auskennen und ihre Kostbarkeit erkennen. Hier sind vor allem Akademiker zu nennen und insbesondere solche Wissenschaftler und Intellektuelle, für die das Schreiben von Büchern und manchmal auch die Entdeckung von bisher unbekannten Manuskripten von entscheidender Bedeutung für das berufliche Fortkommen und für den Grad ihrer professionellen Anerkennung ist.

Zumindest Krimiautoren und -autorinnen können sich Mordtaten um des Buches willen im akademischen Milieu gut vorstellen. Besonders bemerkenswert dabei ist, dass viele von ihnen genau der Berufsgruppe angehören, der sie ihre Missetäter entnehmen, nämlich dem Stand der Universitätsprofessoren. Das zeugt nicht gerade von einem überwältigenden Vertrauen in die moralische Integrität ihrer Berufsgenossen. Aber vielleicht wollen diese Autoren ja nur zum Ausdruck bringen, dass Professoren genauso fehlbar sind wie andere Menschen auch. Und vielleicht verlegen sie ihre Krimis nur deshalb in ein akademisches Umfeld, weil sie sich hier besonders gut auskennen.

Zu den genannten Autoren gehört der Amerikaner Robert B. Parker, der durch eine sehr populäre Serie von Kriminalromanen um den Privatdetektiv Spenser in den 1970er-Jahren bekannt wurde.[2] Parker absolvierte ein Studium der Anglistik und war sogar kurze Zeit als Englischprofessor an der Northeastern University in Boston tätig, bevor er sich ganz dem Schreiben widmete. Er hatte eine Doktorarbeit über die hartgesottenen *(hard boiled)* Helden der Kriminalromane von Dashiell Hammett, Raymond Chandler und Ross Macdonald geschrieben und war dann selber sehr erfolgreich als Autor von Romanen dieser Art. Den Namen seines Helden entlehnte er der Literaturgeschichte: Spenser – der betont, dass man seinen Namen mit »s« und nicht mit »c« schreibt – ist eine Anspielung auf den englischen Dichter Edmund Spenser (1552–1599).

Der erste Roman der Serie erschien 1973. Parker lässt ihn in dem universitären Milieu spielen, das ihm aus eigener Erfahrung vertraut ist. Der Titel *Spenser und das gestohlene Manuskript*[3] verrät, worum es geht: Spenser wird vom

Präsidenten eines College in Boston angeheuert, um ein wertvolles Manuskript aus dem 14. Jahrhundert wiederzufinden. Es wurde von Mönchen mit der Hand geschrieben, ist in lateinischer Sprache verfasst, hat farbige Illustrationen und ist mit roten und goldenen Zierleisten versehen. Eine radikale politische Studentengruppe behauptet, es entwendet zu haben, und verlangt 100 000 Dollar Lösegeld.

Außerdem steht Spenser unter Zeitdruck, denn dem Manuskript droht der schnelle Verfall, wenn es nicht in einem vollklimatisierten Raum aufbewahrt wird. Ein Wettlauf gegen die Zeit beginnt. Wird Spenser das kostbare Manuskript wohlbehalten zurückbringen können, bevor es sich in seine Bestandteile auflöst?

Nur der erste Spenser-Krimi Robert B. Parkers spielt im universitären Umfeld, während alle späteren Fälle in anderen Milieus der Großstadt Boston angesiedelt sind. Carolyn Heilbrun, eine Kollegin von Parker, die ein Leben lang Universitätsprofessorin und Krimiautorin zugleich war, konzentrierte sich in ihren Krimis dagegen auf das akademische Milieu. Von Amanda Cross, wie sie sich als Krimiautorin nannte, weiß man, dass sie allen Grund hatte, vor allem ihren männlichen Kollegen mit Vorsicht zu begegnen. Als feministische Literaturwissenschaftlerin und Frau im Universitätsbetrieb in den USA der sechziger bis achtziger Jahre des 20. Jahrhunderts hatte Carolyn Heilbrun keinen leichten Stand in einer von Männern dominierten akademischen Welt.

Das Schreiben von Kriminalromanen nutzte sie auch als Gelegenheit, einen kritisch-satirischen Blick auf das Gebaren von Dozenten zu werfen und die universitäre Subkultur unter die Lupe zu nehmen. Ihr fiktives Alter Ego ist die Ermittlerin Kate Fansler, die Protagonistin ihrer Krimis. Sie teilt mit der Autorin eine Reihe biographischer Details: Beide sind Dozenten der englischen Literatur, beide sind Feministinnen, und beide müssen sich im beruflichen wie im privaten Bereich gegen Männer behaupten, die Frauen auf ihre traditionellen Rollen beschränken wollen.

In besten Kreisen (1997) ist die deutsche Übersetzung des Kate-Fansler-Krimis *The James Joyce Murder* (1967). Wie bereits der Titel anklingen lässt, steht hier ein Manuskript eines der wichtigsten Autoren des 20. Jahrhunderts im Mittelpunkt der Handlung. Die fünfzehn Kapitel des Krimis haben die gleichen Überschriften wie die einzelnen Kapitel in *Dubliners*, dem ersten veröffentlichten Buch von James Joyce. Schon hier zeigt sich, dass der Kriminalroman eine Fülle von mehr oder weniger versteckten Anspielungen auf das Werk von James Joyce enthält. *In besten Kreisen* beginnt mit einem Prolog, der am 16. Juni 1966 in einem Buchladen in New York spielt. Der 16. Juni ist der Tag, an dem die gesamte Handlung von *Ulysses*, dem bedeutendsten Roman von Joyce, angesiedelt ist. Der Mörder trägt den gleichen Namen wie ein Betrüger in dem Kapitel »Two Gallants« in *Dubliners*.

Es ließen sich noch mehr solcher Beispiele anführen, die zeigen, dass Carolyn Heilbruns Krimi Kennern von James Joyce immer wieder Gelegenheit bietet, Stellen aus seinen Werken wiederzuerkennen. Die Autorin krönt dieses literarische Spiel damit, dass in ihrem Buch um eines Manuskriptes willen gemordet wird, das für zwei Bücher von James Joyce eine wichtige Rolle spielt.

Dieser Mord ereignet sich, als Kate Fansler die Sammlung von Büchern und Manuskripten ihres gerade verstorbenen alten Freundes Samuel Lingerwell ordnen und zum Verkauf vorbereiten soll. Lingerwell war Verleger, einer der großen alten Männer der Verlagswelt, und er hat eine wertvolle Sammlung von Büchern und Korrespondenzen mit berühmten Autoren, unter anderem mit James Joyce, hinterlassen. Kate zieht für den Sommer in Lingerwells Landhaus, wo er seine Sammlung aufbewahrte, und lässt sich bei ihrer Arbeit und bei der Beaufsichtigung eines jungen Neffen von zwei Doktoranden unterstützen.

Ihr zur Seite stehen also zwei aufstrebende, ehrgeizige Jungakademiker, die sich erst noch in ihrem Beruf profilie-

ren müssen, um eine gesicherte Anstellung zu erhalten und eine akademische Laufbahn starten zu können. Die Konkurrenz für ein solches Unterfangen ist groß, und nur die Wenigsten werden es schaffen. Außerdem bekommt Kate Besuch von Kollegen und Kolleginnen, die alle daran interessiert sein könnten, ihre eigene Karriere durch die Entdeckung eines bisher unbekannten Manuskripts zu fördern. Auch unter den bereits an der Universität Etablierten herrschen Ehrgeiz, Neid und Missgunst. Auch jemand von ihnen könnte also der Versuchung erliegen, um einer literarischen Entdeckung willen ein Verbrechen und sogar einen Mord zu begehen.

Es ist dann tatsächlich ein unbezahlbares und bisher unveröffentlichtes Manuskript, das den Anlass zu einem Mord gibt: eine erste Fassung von *Ulysses,* die Joyce zuerst für ein Kapitel von *Dubliners* verwenden wollte, dann aber aus diesem Band wieder herausnahm und es zu dem großen Roman erweiterte, der bis heute als sein Meisterwerk gilt. Joyce hatte dieses Manuskript Samuel Lingerwell aus Dankbarkeit geschenkt.

Wie sich im Verlauf des Krimis herausstellt, hatte der Täter das Manuskript im Haus Lingerwells entdeckt. Ihm war bewusst, dass ihn dieser Fund auf einen Schlag als Literaturforscher bekannt gemacht und eine erfolgreiche wissenschaftliche Karriere geradezu garantiert hätte. Um den verlockenden Ruhm unbehelligt von einem Diebstahlsverdacht ernten zu können, hatte er das Manuskript zunächst auf einem benachbarten Bauerngrundstück in einer Heumaschine versteckt, um es später an diesem unverfänglichen Ort ›finden‹ zu können. Da er aber beim Beiseiteschaffen des Manuskripts beobachtet und daraufhin erpresst worden war, musste die Augenzeugin sterben. Aus dem Dieb wurde nun auch ein Mörder.

Im Epilog berichtet schließlich ein anderer junger Literaturwissenschaftler vor der James-Joyce-Gesellschaft in New York von der Entdeckung des Manuskripts, kann aber nur sagen, dass es nun irgendwo in einem von 3213 Heuballen verborgen ist. Damit endet dieser Krimi, in dem ein unveröffentlichtes Manuskript eines der größten Schriftsteller des 20. Jahrhunderts zuerst auftaucht und einen Mord verursacht, dann aber wieder verschwindet. Das Objekt der Begierde entzieht sich also dem Zugriff; es könnte im Magen einer Kuh enden, wenn nicht eine kleine Armee von Verehrern von James Joyce eine Unzahl von Heuballen in einer Scheune auseinandernimmt. Ob dies geschieht, erfahren wir aber nicht.

Wir sind von der Beobachtung ausgegangen, dass in Kriminalromanen nicht selten akademisch gebildete Menschen zu Mördern werden, weil ein bestimmtes Buch oder Manuskript zum Objekt ihrer Begierde geworden ist: In *In besten Kreisen* ist es ein verschollen geglaubtes Manuskript, das hohe akademische Ehren verspricht, in *Spenser und das gestohlene Manuskript* ist es eine mittelalterliche Handschrift, für die ein Lösegeld von 100 000 Dollar gefordert wird.

Vergegenwärtigt man sich, wie schwierig, zeitaufwendig und teuer die Herstellung von Büchern vor der Erfindung des Buchdrucks mit beweglichen Lettern durch Johannes Gutenberg um das Jahr 1450 herum war, dann wird schnell klar, warum frühe Bücher – ganz unabhängig von ihrem Inhalt – von enorm hohem Wert waren und sind. Man braucht sich nur einige Seiten von handgeschriebenen und reich illustrierten Büchern aus dem Mittelalter anzusehen, um auch als Laie einen Eindruck von der Arbeit und der Mühe zu bekommen, die hier investiert wurden. Die den Text umschließenden Verzierungen aus Blätter-, Frucht- und Blütenranken, die als große Ornamente ausgeführten Anfangsbuchstaben von Kapiteln und Absätzen und die Verwendung von Blau-, Rot- und Goldtönen für Buchstaben und Umrandungen machen aus solchen Manuskripten (von lat. *manus* = hand und *scribere* = zeichnen, schreiben) erlesene Kunstwerke.

Die mühevolle Arbeit des Verfertigens solcher Manuskripte wurde von Mönchen ausgeführt, die neben der Anbetung Gottes praktisch ihr ganzes Leben der Buchherstellung widmeten und dabei nicht selten ihre Gesundheit opferten. Das jahrelange Schreiben und Abschreiben von Manuskripten und die Herstellung von Illustrationen bei oft schlechten Lichtverhältnissen kostete vielen dieser Mönche das Augenlicht, weitere gesundheitliche Schäden, die durch schwierige Arbeitsbedingungen verursacht wurden, kamen hinzu. Vor allem die individuelle handschriftliche Ausführung sowie die mühevollen Umstände, unter denen Bücher hergestellt wurden, können also erklären, warum Bücher aus der Zeit vor Gutenberg so selten und so teuer sind.

Ihren Wert verdanken sie aber auch den verwendeten Materialien. Zwar hatte es schon seit Urzeiten verschiedene Schriftträger gegeben, von der ältesten Schreiboberfläche Ton, die man bis in die Zeit um 5300 v. Chr. zurückverfolgen kann, über Metall, Knochen, Elfenbein, Papyrus, Holz, Rinde, Palmblätter, Leder, Textilien bis zum Papier, das schon im 2. Jahrhundert v. Chr. in China bekannt war, aber erst seit dem 12. Jahrhundert in Europa hergestellt werden konnte.[4]

Das in der Zeit vor der intensivierten Papierherstellung am besten zur Buchherstellung geeignete Material war das Pergament, also eine Schreiboberfläche, die aus der Verarbeitung von Tierhäuten gewonnen wurde. Die Herstellung von Pergament erfolgte in einem langwierigen und kniffligen Prozess, der dem damit befassten Fachmann genaue Kenntnisse und großes Fingerspitzengefühl abverlangte. Die verwendeten Tierhäute mussten gereinigt werden, das Fell wurde in eine Kalklauge gelegt, in der sich die meisten Haare ablösten, dann mussten die restlichen Haare mit einem Messer abgeschabt und schließlich die Häute gewässert und nass in einen Rahmen gespannt zum Trocknen aufgehängt werden. Noch die ersten dreißig Exemplare der Gutenberg-Bibel wurden auf Pergament gedruckt, pro Bibel brauchte es dafür die Häute von 170 Schafen.[5] Führt man sich die zum Teil sehr hohe Qualität der verwendeten Materialien und den schwierigen Herstellungsprozess mittelalterlicher Manuskripte vor Augen, dann nimmt es nicht Wunder, dass ein derartiges Buch zu einem Objekt der Begierde werden und mörderische Impulse auslösen kann.

Die englische Schriftstellerin Edith Pargeter, die ab 1977 unter dem Namen Ellis Peters die enorm erfolgreiche Serie von Kriminalromanen mit dem walisischen Benediktinermönch Bruder Cadfael als Detektivfigur schrieb[6], kannte sich bestens aus mit den Gegebenheiten des mittelalterlichen Lebens. Die Abenteuer ihres Helden spielen Anfang des 12. Jahrhunderts in England. Es ist eine bewegte Zeit: England wird durch einen Bürgerkrieg zwischen rivalisierenden Anwärtern auf den Königsthron zerrissen, und durch die Kreuzzüge und Pilgerfahrten ins Hei-

lige Land entwickelt sich ein stän-
diges Kommen und Gehen im sonst
eher abgelegenen Shrewsbury, wo
Cadfaels Abtei nicht weit von der Grenze zu
Wales gelegen ist.

Im siebzehnten Band der Serie, *Cadfael und der Ketzerlehrling* (1992)[7], kommt ein hochbetagter Pilger von einer Fahrt nach Jerusalem zurück. Allerdings schafft er die Rückkehr nur als Toter, denn kurz bevor er seine Heimatstadt Shrewsbury erreicht, stirbt er in Frankreich an einer Krankheit. Sein junger Schreiber und Reisegenosse Elave kann nur noch den Sarg mit dem Verstorbenen nach Hause bringen. Er führt aber noch etwas mit sich: eine mit Elfenbein verzierte, aus einem unbekannten edlen Holz geschnitzte Schatulle. Sein Herr hatte sie auf einem Markt in Tripoli von Mönchen gekauft, die auf der Flucht vor sarazenischen Kriegshorden waren. Die Schatulle und ihr Inhalt sind als Mitgift für Fortunata, die junge Pflegetochter des Verstorbenen, gedacht. Was das kostbare Behältnis in sich birgt, weiß niemand und erfährt bis zum Ende des Romans auch niemand – bis auf eine Ausnahme: Der Einzige, der den Inhalt des Kästchens kennt, ist der Mörder, und er mordet um genau dieses Inhalts willen.

In der wohlhabenden bürgerlichen Familie, die Fortunata als Waisenkind aufgenommen hat, verdient man sein Geld mit Schafhandel und der Herstellung von Pergament. Dieser Prozess wird ausführlich beschrieben, denn er gehört zum Alltag in diesem Haushalt, jeder ist damit vertraut und weiß deshalb auch, wie wertvoll Pergament ist. Es gibt jedoch einen Menschen, der besonders empfänglich für die Schönheit von Büchern und Manuskripten ist. Er gehört zu denjenigen, für die Bücher nicht nur materiellen Wert besitzen, sondern »die sich für immer und von ganzem

Herzen in sie verliebt haben«[8]. Und dieser jemand ist bereit, für ein Buch zu töten.

Seine Spannung bezieht der Krimi aus den Mutmaßungen und Spekulationen über den Inhalt der Schatulle bzw. des Buches, um dessentwillen getötet wurde. Was macht es so außergewöhnlich? Wieso kann es derart große Leidenschaften auslösen? Hier kommt das kunstvolle Behältnis ins Spiel, in dem das Buch die lange Reise aus dem Orient nach England gemacht hat. Wie Bruder Cadfael und der Bibliothekar Bruder Anselmus – ganz in Sherlock-Holmes-Manier – herausfinden, weist jene Schatulle, die offenbar gezielt für ein Buch angefertigt wurde, Spuren von Purpur und Gold sowie Pergamentstaub auf. Das Buch muss also mit Gold auf purpurnem Pergament geschrieben worden sein. Und da Gold und Purpur seit den römischen Cäsaren die Farben der Herrscher waren, liegt es nahe, dass sich in der Schatulle ein Buch für einen Kaiser befindet. In *Cadfael und der Ketzerlehrling* tritt die Frage nach der Identität des Mörders also über weite Strecken hinter die Frage nach der Identität des begehrten Buches zurück.

Über den Mörder, der das Buch als Erster in der Schatulle entdeckte und es lange Zeit als Einziger kannte, erfährt man am Ende, dass es in ihm grenzenlose Besitzgier geweckt hat. Als ein Mann, der Bücher liebt und alles über Bücher weiß, begehrte er es »bis an die Grenze des Wahnsinns [...], sobald sein Blick darauf gefallen war«[9]. Deshalb hat er es gestohlen, es in seiner Werkstatt versteckt und opfert ihm schließlich sogar sein Leben. Denn als in der Werkstatt ein Feuer ausbricht, begibt er sich in die Flammen, um das Buch zu retten. Er holt das Objekt seiner Begierde also wortwörtlich aus dem Feuer. Als er den Schuppen verlässt, springt er, das in mehrere Lagen eingewickelte Buch im Arm, »wie eine brennende Fackel mit loderndem Haar«[10] in den nahegelegenen Fluss, was ihn allerdings nicht mehr retten kann. Seine Leiche wird später am Ufer angetrieben. Er hat für das Buch also nicht nur gemordet, er ist auch selbst dafür gestorben. Das Buch hatte »ihm letzten Endes mehr bedeutet [...] als sein eigenes Leben«[11].

Passionierte Krimileser bemerken, dass Ellis Peters in dieser dramatischen Rettungsaktion eine berühmte Szene aus Conan Doyles *A Scandal in Bohemia* (1891; *Ein Skandal in Böhmen*) variiert, die dessen Ruhm als Verfasser der Sherlock-Holmes-Romane begründete. Zwar waren schon vorher, in den Jahren 1887 und 1890, zwei Romane mit Sherlock Holmes als Hauptfigur erschienen *(A Study in Scarlet; Eine Studie in Scharlachrot* und *The Sign of Four; Das Zeichen der Vier)*, sie waren jedoch weitgehend unbeachtet geblieben. Erst mit der Veröffentlichung der kürzeren Erzählungen begann der weltumspannende Erfolg des berühmtesten Detektivs der Literaturgeschichte.

In *Ein Skandal in Böhmen* muss Holmes eine Fotografie ausfindig machen, die seine Gegenspielerin Irene Adler so gut versteckt hat, dass alle Versuche, sie zu finden, gescheitert sind. Durch einen Trick gelangt er in Irene Adlers Haus und zündet dort eine Rauchbombe. Mit Hilfe von Watson und einiger eigens dafür angeheuerter Statisten, die alle lauthals rufen »Feuer! Es brennt!«, gelingt es ihm, Irene Adler glauben zu machen, dass ihr Haus in Flammen steht. Sie hastet sofort zum Versteck des so wichtigen Dokumentes, um sich zu überzeugen, dass es noch unversehrt ist. Holmes entdeckt also das Versteck, indem er Irene Adler dazu bringt, es selbst zu offenbaren.

Im Unterschied zu dieser Geschichte, in der das Feuer nur vorgetäuscht ist, handelt es sich in Ellis Peters' Roman zwar um ein wirkliches Feuer. Aber in beiden Fällen wird ein Versteck offenbart, in dem sich das begehrte Objekt befindet, und in beiden Fällen wird der geheime Aufbewahrungsort durch denjenigen verraten, der den Gegenstand dort deponiert hatte. Schließlich geht es beide Male um Objekte, die weiblich codiert sind: um ein Buch, das ein Mann unbedingt ›besitzen‹ muss und um die Fotografie einer Frau, die stellvertretend für sie selber steht.

Das so lange obskur gebliebene Objekt der Begierde[12] wird am Ende von *Cadfael und der Ketzerlehrling* im wahrsten Sinne des Wortes ent-hüllt. Es wird aus den schützenden Hüllen gewickelt, die es vor Feuer und Wasser, den größten Gefahren für ein Buch, bewahrt haben. Trotz Überschwemmungen und Bibliotheksbränden (wie dem bloß erfundenen Brand in Umberto Ecos *Der Name der Rose* und dem oft kolportierten Brand der großen Bibliothek von Alexandria in der Antike) hat es sich erhalten und zeigt auf diese Weise an: Ein Buch ist das, was den Menschen überdauert und auch nach dem Tod seines Verfassers weiterlebt.

Ans Licht kommt schließlich ein Wunderwerk mittelalterlicher Kunstfertigkeit und

erlesener Schönheit. Die Texte sind auf Pergament in der altehrwürdigen Schrift der irischen
Mönche, die das Christentum nach Kontinen-
taleuropa gebracht hatten, ausgeführt und mit
farbigen Ornamenten reich geschmückt. Es
ist »das schönste und einzigartigste Buch«, das
Bruder Anselm »je zu Gesicht«[13] bekam.

Sein Inhalt besteht aus einem Psalter, einem mittel-
alterlichen liturgischen Textbuch, das die byzantinische
Prinzessin Theophanu im 10. Jahrhundert anlässlich ihrer
Hochzeit mit Otto, dem Thronnachfolger des Römischen
Reiches, zum Geschenk erhalten hatte. Über seinen be-
trächtlichen materiellen Wert hinaus hat das Buch also auch
große ideelle Bedeutung, denn es repräsentiert die Verbindung zwischen dem oströmischen und weströmischen
Reich und damit auch »die Hochzeit zweier Kulturen«[14].
Zugleich ist es in mehrfachem Sinn ein Geschenk der Liebe: Es verkörpert die Liebe zum Kunstgegenstand Buch,
die der irische Mönch Diarmaid bei dessen Herstellung auf-
bot; es ist Ausdruck der Liebe, die der Prinz seiner Braut
entgegenbringt; und es symbolisiert die Liebe, die beide
christlichen Kirchen trotz aller Unterschiede miteinander
verbindet.

3.
DEM TÄTER AUF DER SPUR:
BUCHHÄNDLER SIND
DIE BESTEN DETEKTIVE

Dem Amerikaner Charles A. Goodrum war es ein Ärgernis, dass bis in die 1970er-Jahre in Kriminalromanen anscheinend keine Bibliothekare vorkamen, die sich als Amateur- oder Hobbydetektive betätigten. Stattdessen waren Bibliotheksangestellte zu untergeordneten Diensten verdammt: Wenn der Ermittler Hilfe bei der Beschaffung von Informationen brauchte, ging er in die nächste Stadtbibliothek und bat eine zwar freundliche und kompetente, aber anonyme Bibliothekarin darum, ihm die nötigen Zeitungsausschnitte herauszusuchen. Danach verschwand sie wieder aus der Handlung.

Weil dieser Zustand Charles A. Goodrum, Bibliothekar an der amerikanischen Library of Congress und Autor von Sachbüchern zum Bibliothekswesen, nicht akzeptabel erschien, entschloss er sich kurzerhand, selber einen Bibliothekskrimi zu schreiben, in dem die Ermittlerfigur ein Bibliothekar ist. Sein Problem war nur, dass er zwar schon viele Kriminalromane gelesen, selbst jedoch noch keinen

geschrieben hatte. Da er als Bibliothekar darin ausgebildet war, eine Sache systematisch anzugehen, überlegte er sich, was man zum Schreiben eines Krimis braucht. Als Ermittlerfigur sah er einen erfahrenen, kurz vor der Pensionierung stehenden Bibliothekar vor. Dann ging es um den Entwurf einer spannenden Handlung und um die Wahl eines Motivs für das Verbrechen.

Was im Arbeitsbereich eines Bibliothekars kommt da infrage? Man würde meinen, dass eine öffentliche Bibliothek in Hinsicht auf gängige Mordmotive wie Geldgier, Eifersucht oder die Verschleierung einer unrühmlichen Vergangenheit wenig hergibt. Bald stellte Goodrum fest, dass sich ausreichend viele Gründe für einen Mord im Bibliotheksumfeld finden lassen, um ein ganzes Dutzend Krimis schreiben zu können: Betrug und Unterschlagung bei der Anschaffung von Büchern, die Verwendung von Fahrbibliotheken zum Drogenschmuggel oder die Entdeckung, dass ein bestimmter Autor in großem Stil bei anderen abgeschrieben hat.

Er entschied sich dann aber für einen alltäglicheren und für Laien zugänglicheren Stoff: Im Zentrum seines Krimis sollte die Veruntreuung seltener und teurer Bücher und Manuskripte stehen. Denn wer in einer Bibliothek arbeitet, hat je nach seiner Qualifikation und Stellung in der Hierarchie Zugang zu Büchern von enormem Wert. Da kann schnell die Versuchung entstehen, hier und da einen wertvollen Band mitgehen zu lassen und für viel Geld auf dem Schwarzmarkt an Sammler und Buchliebhaber zu verkaufen, denen die Legalität ihrer Erwerbungen gleichgültig ist. Wenn dann ein Kollege oder eine Kollegin merkt, dass etwas nicht mit rechten Dingen zugegangen ist, muss er oder sie zum Schweigen gebracht werden. Wer hat bei einer solchen Konstellation die besten Aussichten, die

Diebstähle und den Mord aufzuklären? Natürlich derjenige, der sich im Umfeld des Bibliothekswesens am besten auskennt, also ein Bibliothekar oder eine Bibliothekarin. Mit diesem Handlungsgerüst waren die Voraussetzungen für einen Mord im Bibliotheksmilieu gegeben, und so konnten Bücher zu »Mordsbüchern« und ein Bibliothekar zum Detektiv werden.

Als Schauplatz dachte sich Goodrum eine Bibliothek aus, bei deren Konzeption er seine umfangreiche Kenntnis berühmter Buchsammlungen einfließen ließ. Ihm selbst waren die Folger Shakespeare Library in Washington, die Boston Public Library, die Huntington Library in der Nähe von Los Angeles, die Morgan Library in New York und nicht zuletzt die Library of Congress, an der er arbeitete, bekannt. Seine fiktive Bibliothek siedelte Goodrum auf der Museumsmeile in Washington an, verlegte also den Schauplatz seines Bibliothekskrimis mitten in das kulturelle Zentrum der Hauptstadt. Damit waren alle Bausteine beisammen, und der Krimi konnte geschrieben werden.

Das Resultat ist der 1978 erschienene Roman *Dewey Decimated*. Sein Titel verweist auf das Dewey-Dezimalsystem (*Dewey Decimal Classification* oder DDC), das seit seiner Einführung durch den amerikanischen Bibliothekar Melvil Dewey (1851–1931) im Jahr 1876 in weiten Teilen der Welt, besonders in anglo-amerikanischen Ländern, verwendet wird, um Bibliotheksbestände zu klassifizieren und zu identifizieren. Das Dewey-Dezimalsystem bedient sich eines einfachen Zahlencodes, der erlaubt, Bücher nach Themenbereichen zu ordnen. Am Anfang steht immer eine Hunderterzahl, etwa »800« für einen Band, der sich mit Literatur beschäftigt. Die

Zehner- und Einerstellen bezeichnen das Sachgebiet des jeweiligen Buches genauer, und weitere Zahlen- und Buchstabenkombinationen ermöglichen dann die Identifizierung eines bestimmten Buches. So steht die Sigle »823'.8 – dc22« für Andrew Lycetts 2007 erschienene Biographie von Sir Arthur Conan Doyle, der mit Sherlock Holmes die wohl bekannteste Detektivfigur aller Zeiten geschaffen hat.

In *Dewey Decimated* bemerkt ein alter und weiser Bibliothekar, der sich in den täglichen Abläufen des Bibliothekswesens sehr gut auskennt, dass das geordnete und in routinemäßigen Bahnen verlaufende Arbeitsleben eine Atmosphäre der Gelassenheit und des Gleichmuts erzeugt, die alle möglichen Krisen und sich anbahnende Katastrophen eine ganze Zeit lang überdecken kann. Das Dewey-System, das Ordnung in die Mannigfaltigkeit und das Chaos der Bücher bringt und eine ruhige Übersicht erlaubt, steht stellvertretend für diese Bibliotheksatmosphäre. Die Verbrechen, die in der Bibliothek begangen werden, lösen diese Ordnung, wie schon der Titel des Romans andeutet, auf und untergraben damit auch das Grundprinzip dieser Einrichtung. Mit der Aufklärung der Verbrechen wird die Störung des Systems rückgängig gemacht und die Ordnung der Bibliothek wiederhergestellt. Der Bibliothekar als erfolgreicher Detektiv kann schließlich seine Arbeitswelt vor dem Einbruch des Chaos verteidigen.

Ein anderer Roman, in dem das Dewey-Dezimalsystem namengebend wurde und in dem es noch augenfälliger um den Widerstreit zwischen Ordnung und Chaos geht, ist Nathan Larsons *2/14*[1]. Es handelt sich um den ersten Teil einer Trilogie um die Hauptfigur Dewey Decimal, einen ehemaligen Soldaten. Er hat in der New Yorker Stadtbibliothek, der berühmten Public Library, sein Lager aufgeschlagen. Dewey leidet unter Gedächtnisverlust, und die wenigen Erinnerungen, die ihm geblieben sind, hat man ihm vielleicht im Militärkrankenhaus suggeriert. Er lebt in einer furchterregenden futuristischen Wirklichkeit, einer dystopischen Welt, in der Identitäten und Loyalitäten fließend geworden sind und der tägliche Kampf ums Überleben alles andere in den Hintergrund rückt.

New York ist in diesem postapokalyptischen Roman, der in einer nahen Zukunft spielt, von einer Serie terroristischer Anschläge verwüstet und in eine gigantische Geisterstadt verwandelt worden, in der nur noch ein Bruchteil der früheren Einwohnerschaft lebt. Die Anschläge wurden an einem Valentinstag verübt. In amerikanischer Schreibweise lautet dessen Datum »2/14« und erinnert natürlich an 9/11, das Datum der Angriffe auf das World Trade Center in New York und auf das Pentagon in Washington.

Dewey arbeitet für den Bezirksstaatsanwalt und erhält am Anfang des Romans den Auftrag, einen Gewerkschaftsführer umzubringen. Wenn Auftragskiller für die Staatsanwaltschaft arbeiten, dann steht die Welt auf dem Kopf. Aber Dewey hat Skrupel und versucht zunächst einmal, mehr über sein Opfer herauszufinden. So gerät er in die Rolle eines Detektivs.

In diesem Chaos gibt die Bibliothek und seine Liebe zu Büchern Dewey den nötigen Halt, um sich wenigstens einigermaßen in seiner Umwelt zurechtzufinden. Er hat sich die übermenschliche und wohl kaum je abschließbare Arbeit auferlegt, den riesigen Bücherbestand der Public Library, die von Plünderern und Obdachlosen völlig verwüstet wurde, wieder zu ordnen – und zwar ohne Unterstützung von Computern oder anderen technischen Hilfsmitteln.

Nur die nach dem Dewey-Dezimalsystem jedem Buch zugewiesene Signatur dient ihm dabei als Ordnungskriterium. Dieses auf Zahlenkolonnen beschränkte, gleichzeitig schlichte und elegante System, die gewaltigen Büchermassen in ein genau definiertes Schema einzuordnen, verschafft ihm ein Gegengewicht zum Chaos der post-apokalyptischen Welt. Während ihm die Umwelt kaum noch Orientierungspunkte gewährt und ihm auch die Vergangenheit rätselhaft ist, findet Dewey hier ein Ordnungssystem für das Wissen, die Welt und die Stellung des Menschen in ihr. Obwohl er nur bis zur »000 Informatik/Allgemeines« gelangt, verschafft die Struktur, an die er sich halten kann, seinem Leben einen Sinn. Daher ist es kein Wunder, wenn er die Bibliothek als einen Ort der Ruhe und der Besinnung erlebt. Sie ist ihm gewissermaßen Heimat, in die er am Ende seiner Abenteuer wie in eine Art Mutterschoß zurückkehrt.

Detektivromane, in denen Bibliotheken der Schauplatz des Verbrechens sind, und solche, in denen Bibliotheksangestellte als Ermittlerfiguren auftreten, gibt es schon seit den dreißiger Jahren.[2] In neueren Bücherkrimis sind besonders Buchantiquare beliebt geworden. Dazu gehört beispielsweise die beliebte ZDF-Serie *Wilsberg*, zu nennen sind aber auch die in London spielenden Romane von Marianne MacDonald mit der Antiquarin Dido Hoare als Heldin sowie die Krimis von John Dunning. Dunning hat selber viele Jahre lang ein Antiquariat geführt und ist zudem Experte für seltene und wertvolle Bücher. Viel von seinem Wissen und seiner Leidenschaft für antiquarische Bücher ist in seine Kriminalromane eingeflossen.

Dunnings *Das Geheimnis des Buchhändlers* (2007)[3] ist der dritte Roman einer Serie von Krimis mit dem Antiquar und vormaligen Polizisten Cliff Janeway aus Denver als Protagonisten. Im Zentrum der breit angelegten Handlung steht der Diebstahl einer Büchersammlung. Sie umfasst neben wertvollen Erstausgaben auch ein unveröffentlichtes Tagebuch des englischen Forschers, Diplomaten, Spions, Übersetzers und Entdeckungsreisenden Richard Francis Burton (1821–1890). Burton war eine der schillerndsten Persönlichkeiten des 19. Jahrhunderts. Er wurde vor allem durch seine Forschungs- und Reiseberichte aus Asien (u. a. aus Mekka) und Afrika bekannt, hat sich aber auch als Übersetzer von *Tausendundeine Nacht* und des *Kama Sutra* einen Namen gemacht.

Das unveröffentlichte Tagebuch Burtons erzählt u. a. von einer Reise in den Süden der Vereinigten Staaten im Jahr 1860. Sein Bekanntwerden könnte dazu führen, dass die gesamte Geschichte des amerikanischen Bürgerkriegs und damit ein wesentlicher Teil dieses für die nationale Identität so wichtigen Kapitels der Geschichte der USA neu geschrieben werden müsste. Als um seinetwegen ein Mord geschieht, steht also viel auf dem Spiel: für diejenigen, die das Buch entwendet haben oder es in ihren Besitz bringen wollen, und auch für die Geschichte und das Selbstverständnis einer ganzen Nation. Da nicht nur ein Mord und das Schicksal einer auf unrechtmäßige Weise erworbenen Büchersammlung aufgeklärt werden müssen, sondern auch ein Teilaspekt der amerikanischen Geschichte in neuem Licht erscheint, ist *Das Geheimnis des Buchhändlers* Kriminalroman und historischer Roman zugleich.

Die Figur des Cliff Janeway ist nach dem Vorbild des hartgesottenen *(hard-boiled)* Privatdetektivs gezeichnet, der in amerikanischen Krimis der dreißiger und vierziger Jahre von Autoren wie Dashiell Hammett und Raymond Chandler entworfen wurde. Diese harten Kerle *(tough guys)* – wie

Sam Spade und Philip Marlowe, in den Romanverfilmungen jeweils von Humphrey Bogart gespielt – kämpfen einen einsamen Kampf gegen das Verbrechen und sind meistens zynische Einzelgänger, die in einer korrupten, von Profitstreben und herzlosem Materialismus geprägten Umwelt ihren eigenen Moralkodex hochhalten.

Mit diesen *tough guys* des *hard-boiled*-Krimis hat Cliff Janeway viele Ähnlichkeiten, aber er unterscheidet sich von ihnen durch seine Liebe zu Büchern. Diese Eigenschaft erinnert an Raymond Chandlers Privatdetektiv Philip Marlowe, der in einer Szene von *Der große Schlaf* (1939), einem der Klassiker des *hard-boiled*-Krimis, gleich zwei Buchläden hintereinander betritt. Im ersten fragt er nach (nicht existierenden) seltenen Ausgaben, aber nur um dem verdächtigen Inhaber auf die Spur zu kommen, der in Wirklichkeit eine Leihbibliothek mit pornographischen Büchern betreibt. Im zweiten, gegenüberliegenden Geschäft, in dem wirklich Bücher verkauft werden, bändelt er mit der jungen Buchhändlerin an, um mehr über seinen Verdächtigen zu erfahren. Für Bücher interessiert sich Marlowe im Grunde jedoch nicht.

Dies aber zeichnet Cliff Janeway aus. Bücher und besonders antiquarische Bücher eröffnen ihm einen Zugang zu einer Gegenwelt: zu einer Wirklichkeit, die sich von der realen Welt des Verbrechens, der Korruption, der ständig wechselnden Loyalitäten, der Armut und der Verzweiflung unterscheidet. Sie hat Janeway als ehemaliger Polizist zur Genüge kennengelernt.

Seine Wohnung ist vollgestopft mit wertvollen Erstausgaben. Dabei ist er kein Bücherwurm und Vielleser. Seine Liebe gilt vielmehr der Materialität eines alten Buches und der Art, wie ein solches Buch die Vergangenheit lebendig hält. Er schätzt es als ein Medium, das den nachfolgenden

Generationen das überlieferte Wissen und die Lebenserfahrung ihrer Vorfahren nahebringt. Er weiß, dass Bücher ihre Schicksale haben (gemäß des lateinischen Sprich-
worts *Habent sua fata libelli*), aber er weiß auch, dass ebenso das Schicksal von Menschen durch den
Besitz und die Lektüre von Büchern beeinflusst
wird. Zwar muss er mit seinem Antiquariat seinen Lebensunterhalt verdienen, aber da er selbst
leidenschaftlicher Büchersammler ist, legt er Wert
darauf, dass die richtigen Bücher an die richtigen Menschen gelangen. Er versteht sich als eine Art Medium oder
Vermittler zwischen Büchern und Büchersammlern bzw.
Lesern.

Im Vorwort zur neuen Taschenbuchausgabe des ersten
Cliff Janeway-Romans[4] verrät Dunning, was er als Autor mit
seinem fiktiven Helden gemeinsam hat: Die Jagd nach dem
seltenen Buch, das in irgendeinem Trödlerladen oder ir-
gendeiner Bücherkiste auf einem Flohmarkt darauf wartet,
entdeckt und aus seinem Dornröschenschlaf erweckt zu
werden, verschafft beiden eine besondere Art von Anspan-
nung. Genau dieser Nervenkitzel bei der Jagd auf Bücher,
dieser *thrill,* ist es, der Dunnings Helden gegenüber anderen *hard-boiled-*Detektiven auszeichnet.

Cliff Janeway jagt und sammelt Bücher, er liest und liebt
sie. Im Unterschied zu seinen literarischen *hard-boiled-*
Vorbildern ist er deshalb eher Idealist als Zyniker. Er glaubt
an die zivilisatorische Kraft von Büchern. Sie sind für ihn
nicht nur Datenträger oder Informationsquelle, sondern
auch Artefakte, die kraft ihrer bloßen Gegenständlichkeit
zwischen verschiedenen Generationen vermitteln, indem
sie Traditionen, geschichtliches Wissen und menschliche
Werte weitergeben. An dieser Überzeugung hält Janeway
fest, obwohl in seiner detektivischen Praxis Bücher nur

allzu oft als reine Wertgegenstände betrachtet werden oder Objekte pathologischen Besitzwillens sind. Insofern ist er denn auch ein ganz besonderer Typ des hartgesottenen Privatermittlers. Über seinem Schreibtisch hängt ein Aphorismus von Georg Christoph Lichtenberg, der lautet: »Ein Buch ist ein Spiegel, wenn ein Affe hineinguckt, so kann freilich kein Apostel heraussehen.«[5]

In *Die Akademiemorde* (2014)[6] des schwedischen Autors Martin Olczak spielt ebenfalls ein antiquarischer Buchhändler eine entscheidende Rolle. Die draufgängerische Polizeibeamtin Claudia Rodriguez und der introvertierte und Gewalt eher hilflos gegenüberstehende Antiquar Leo Dorfman teilen sich in diesem Thriller die Ermittlungsarbeit. Im Mittelpunkt von *Die Akademiemorde* stehen die Taten eines äußerst systematisch vorgehenden Serienmörders. Dessen Opfer sind ausnahmslos Angehörige einer der wichtigsten Institutionen Schwedens: Mitglieder der Schwedischen Akademie der Wissenschaften, die den Nobelpreis für Literatur vergibt.

Bezeichnend für den Lauf der Ermittlungen ist die Tatsache, dass der mit modernsten technischen Hilfsmitteln ausgerüstete Polizeiapparat bei der Verfolgung des Täters und dem Schutz der Akademiemitglieder völlig versagt. Jeder Mord ist sorgfältig und über Jahre hinaus vorbereitet worden. Der Täter bedient sich manchmal einer alten Perkussionspistole, die August Strindberg besessen hatte, manchmal aber auch hochmoderner Waffen wie Scharfschützengewehre oder Luftdruckbomben, die auf einem ferngelenkten Kleinhubschrauber montiert sind. Man kommt dem unheimlichen Serienkiller keinen Schritt näher, und trotz umfangreichster Schutzmaßnahmen, die sogar militärische Eliteeinheiten einbeziehen, wird ein Akademiemitglied nach dem anderen getötet.

Serienmörder üben seit Ende des 19. Jahrhunderts, als Jack the Ripper in London sein Unwesen trieb, eine starke Faszination aus. In Kriminalromanen sind sie in den siebziger Jahren des 20. Jahrhunderts enorm populär geworden, wie der Erfolg von Autoren wie Jim Thompson, Thomas Harris oder Patricia Cornwell mit Romanen (und deren Verfilmungen) wie *Der Mörder in mir, Das Schweigen der Lämmer* oder *Post Mortem* zeigt. In Romanen dieser Art ist der Täter ein menschliches Monster und wird am Ende gefasst. In den meisten Serienkillerromanen hat der monströse Täter die Funktion eines Sündenbocks, dessen Identifizierung und Bestrafung einer Austreibung von als bedrohlich oder fatal erfahrenen gesellschaftlichen Problemen und Missständen entspricht. Dies erklärt zumindest zum Teil die große gegenwärtige Popularität dieses Genres.

Serienkillerromane kombinieren Elemente des Schauerromans, des Polizeiromans und des Detektivromans und stellen dem psychopathischen Täter meistens Ermittler mit Spezialkenntnissen gegenüber. Deshalb sind hauptsächlich Psychologen, Forensikerinnen (es sind tatsächlich oft Frauen, die diesen Beruf ausüben) und Profiler damit beschäftigt, Serienmördern auf die Spur zu kommen. Bei der Aufklärung von Serienmorden ist es entscheidend, ob ihnen ein bestimmtes Muster zugrunde liegt. Ist das der Fall, kann der Täter gefunden werden, sobald man das Muster erkannt hat. Dazu bedarf es, wie gesagt, in der Regel eines speziellen Wissens, denn das Muster kann auf viele verschiedene Bereiche und Sachverhalte zurückzuführen sein.

In *Die Akademiemorde* verdichten sich im Laufe der Handlung immer mehr Hinweise auf einen Zusammenhang der Morde mit der Biographie August Strindbergs (1849–1912), und bald wird deutlich, dass der Mörder ein Bücherwurm sein muss. Das Spezialwissen, das benötigt

wird, um den Killer zu stellen, betrifft also den Bereich der Literatur und besonders das Leben von August Strindberg. Deshalb wird der Fall erst dann gelöst, nachdem die Polizistin Claudia Rodriguez den Buchantiquar und Strindberg-Kenner Leo Dorfman in die Ermittlungen einbezogen hat und später auch noch die Hilfe eines Bibliothekars in Anspruch nimmt.

Nur wer sich bei Strindberg gut auskennt, kann das Muster der Mordserie erkennen. Die Expertise Dorfmans, dessen Wissen über die Geschichte der Schwedischen Akademie und die Arbeitsweise des Nobelpreiskomitees führen schließlich zu Erkenntnissen, die helfen, dem Täter allmählich auf die Spur zu kommen. Es stellt sich heraus, dass die getöteten Akademiemitglieder diejenigen Stühle innehatten, deren Inhaber hundert Jahre zuvor, also im Jahr 1911, gegen die Verleihung des Literaturnobelpreises an August Strindberg gestimmt hatten. Der Täter ist ein Wahnsinniger, der sich als ›Wiedergänger‹ von Strindberg versteht und die Rachepläne in die Tat umsetzt, die der Schriftsteller hundert Jahre zuvor selbst entwickelt hatte.

Am Ende wird es noch einmal spannend, als sich herausstellt, dass Leo Dorfman der letzte Nachfahre von Sven Hedin, dem Erzfeind Strindbergs, ist. Dorfman soll deshalb das letzte Mordopfer werden.

Hedin war der größte Feind des Autors in der 1910 vom Zaun gebrochenen sogenannten Strindberg-Fehde, an der die gesamte kulturelle Elite des Landes teilnahm. Bei dem von persönlichen Angriffen und Beschuldigungen durchsetzten Streit ging es um den Zustand zentraler Institutionen des schwedischen Staates wie der Monarchie, dem Militär und auch der Schwedischen Akademie. Letztere war ins Fadenkreuz von Strindbergs verbalen Attacken geraten, weil er sich als Schriftsteller zurückgesetzt fühlte und schon seit Langem erwartet hatte, selber den Nobelpreis für Literatur zu erhalten. Seine stetig steigende Wut darüber, dass man ihm den Preis vorenthielt, verbunden mit der Erwartung seines baldigen Todes (er war an Magenkrebs erkrankt und starb dann auch im Jahr 1912), führte zu einem geradezu pathologischen Hass auf die Akademiemitglieder und besonders auf Sven Hedin, seinen persönlichen Widersacher.

Dass der Showdown zwischen dem Mörder und Leo Dorfman stattfindet, hebt die entscheidende Funktion des Buchantiquars bei der Identifizierung des Täters nochmals hervor. Auf dessen zentrale Rolle bei den Ermittlungen wird auch im Laufe des Buches immer wieder verwiesen. So verkauft Leo Dorfman einmal ein Exemplar eines antiquarischen Kriminalromans aus dem Jahr 1942 mit dem auch für *Die Akademiemorde* aufschlussreichen Titel *Niemand kann den Tod aufhalten*. Für die Mitglieder der Akademie, die trotz aller Schutzmaßnahmen ermordet werden, trifft ja genau dies zu. An anderer Stelle werden Parallelen zwischen den Aufgaben einer Mordermittlerin und einer Archivarin gezogen: Beide haben wichtige Informationen aus zum Teil entlegenen Quellen zusammenzutragen, um dann die nötigen Verbindungen zwischen ihnen herzustellen und weiterführende Schlüsse aus ihnen zu ziehen. Beider Aufgaben ähneln also denjenigen eines Detektivs, dessen Ermittlung ebenfalls auf der Sammlung von Daten und Details und der Erschließung ihres Zusammenhangs beruht. Wohl aus diesem Grund eignen sich Buchhändler gut als Detektive. Wie sich in *Die Akademiemorde* zeigt, wäre die Polizei ohne die Hilfe des Antiquars nicht in der Lage gewesen, den Täter zu ermitteln und den Fall zu lösen.

Neben der reinen Krimihandlung und einer Reihe von Details aus der Biographie August Strindbergs erfährt der Leser in diesem Roman viel über die Geschichte und die Verfahrensweisen der Schwedischen Akademie: darüber, wie die Auswahl für die Verleihung des Nobelpreises für Literatur erfolgt, wie die Informationen über den Auswahlprozess und die damit verbundenen internen Diskussionen protokolliert und archiviert werden – und auch, wie diese Informationen bis zur offiziellen Bekanntgabe geheim gehalten werden. Diese Akademie hat einen enorm großen Einfluss auf das, was im Bereich von Wissenschaften und Kultur als bahnbrechend, visionär, stilbildend und bewahrenswürdig betrachtet wird. Dass sie sich nicht in die Karten schauen lässt, ist angesichts der Macht, die sie mit ihren Auszeichnungen ausübt, durchaus problematisch.

Der Buchantiquar und seine Helfer und Helferinnen lösen also nicht nur das Rätsel einer Mordserie, sie decken auch zumindest einige der Geheimnisse einer altehrwürdigen Institution auf, deren Handeln vielleicht schon zu lange im Dunkeln geblieben ist.

4·
WENN BÜCHER TÖTEN:
DAS BUCH ALS WAFFE

Mit Büchern morden, geht das überhaupt? Kann man ein Buch als Mordwaffe benutzen? Das scheint auf den ersten Blick etwas weit hergeholt. Denn wenn wir an Bücher denken, verbinden wir damit wohl eher die Vorstellung von Lesegenuss und angenehmem Zeitvertreib und freuen uns auf ein Bildungserlebnis oder darauf, einige Stunden in imaginären Welten zu verbringen.

In Kriminalromanen kommen neben den geläufigen Schuss- oder Stichwaffen durchaus auch ausgefallene Mordinstrumente zum Einsatz. Zu nennen sind exotische Gifte, ein Eiszapfen, gefrorenes Schlangengift, das aus einem falschen Zigarettenhalter verschossen wird (bei Edgar Wallace), ein Korkenzieher (bei Dorothy Sayers), ein Golfschläger (bei Rex Stout) oder eine abgerichtete Schlange (bei Arthur Conan Doyle).[1] Doch ein Buch als Mordwaffe? Schließt man den wohl unwahrscheinlichen Fall aus, dass ein Leser vor Langeweile stirbt, weil ein Buch entsprechend schlecht ist, so ist spontan kaum vorstellbar, dass man mit einem Buch einen Mord begehen kann.

Doch wer sich ein wenig mit der Geschichte des Kriminalromans vertraut macht, der kommt zu dem Ergebnis: man kann durchaus. Tatsächlich kommen Bücher – zumindest in Krimis – sogar auf ganz unterschiedliche Weise als Mordwerkzeuge zum Einsatz.

Mit einem Buch kann man einem Menschen einen tödlichen Schlag versetzen. Voraussetzung ist freilich, dass es
sich dabei um einen einigermaßen schweren Band handelt,
wie dies in Hazel Holts Krimi *The Cruellest Month* (1992) der
Fall ist. Hier wird das Opfer mit einem Exemplar der 1732
erschienenen *Britannia Romana* erschlagen, einem fast sie-
benhundert Seiten umfassenden, in Kalbsleder gebunde-
nen und mit Messingecken beschlagenen Wälzer. Ein Buch
im Format eines schmalen Reclam-Bändchens wäre dazu
natürlich kaum tauglich. Wie wir sehen werden, kann ein
Buch auch so präpariert werden, dass es diejenigen, die es
lesen, tötet; es lässt sich als Anleitung zu einer Mordserie
zweckentfremden; und es kann – freilich unter sehr speziellen Umständen – auch zum tödlichen Stolperstein und
zum Werkzeug göttlicher Rache werden.

In Phoebe Atwood Taylors *Kraft seines Wortes* (1986)[2]
spielt ein Buch in doppelter Hinsicht eine bedeutende Rolle, denn es ist Mordmotiv und Mordwaffe zugleich. Zum
einen ist sein Inhalt von hoher Brisanz, denn es enthält
Informationen, die einen Menschen bloßstellen, ruinieren
und somit gesellschaftlich erledigen könnten. Da der Be-
troffene diese Kompromittierung um jeden Preis verhindern will, wird er zum Mörder. Zum anderen wird das Buch,
durch das er sich bedroht fühlt, ganz handfest als Tat-
instrument eingesetzt. Zwar erkennen die Ermittler schnell,

dass das Opfer mit dem notorischen stumpfen Gegenstand ermordet wurde, den man aus zahllosen Mordgeschichten kennt. Dass es sich dabei aber um ein ganz normales Buch handelt, darauf kommt zunächst niemand.

Kraft seines Wortes spielt im Jahr 1930 auf Cape Cod, jener halbmondartig geschwungenen Halbinsel, die südöstlich von Boston gelegen ist und im Sommer die zahlungskräftigen Feriengäste aus der nahegelegenen Großstadt anzieht. Die Handlung setzt genretypisch ein mit einer Bluttat: Im Ferienhaus von Prudence Whitsby, einer fünfzigjährigen alleinstehenden Dame der Bostoner Upperclass, wird eine Leiche gefunden.

Das Opfer ist Dale Sanborn, ein Autor von Schlüsselromanen, die in der besseren Gesellschaft spielen. Er war ein fieser Charakter, der nicht davor zurückschreckte, das Leben von Menschen zu ruinieren, um an eine interessante Story zu kommen. Er scheute sich nicht, die Tatsachen zuungunsten der Beteiligten zu verdrehen, und ließ gleichzeitig keine Zweifel daran, wer im wirklichen Leben gemeint war. Auf skrupellose Weise nutzte er die Sensationsgier seiner Zeitgenossen aus, um sich mit Skandalgeschichten ein Vermögen zu verdienen, und scherte sich nicht um den Preis, den andere dafür zu bezahlen hatten. Insofern war dieser Schreiberling geradezu dazu ausersehen, ermordet zu werden.

Wie im klassischen Kriminalroman wird schnell klar, dass man den Täter unter denjenigen zu suchen hat, die von dem Toten geschädigt wurden. Doch da Sanborn durch seine Indiskretionen, Übertreibungen und Enthüllungen eine große Anzahl von Menschen vor den Kopf gestoßen hat, führt diese Spur kaum weiter, denn der Kreis der Verdächtigen ist enorm weit.

Die Ermittlerfigur, aus deren Perspektive der Roman erzählt wird, ist Prudence Whitsby. Sie liest gerne, kann aber mit moderner Literatur nicht viel anfangen, weil dort ihres Erachtens immer nur unappetitliche Erinnerungen und allzu genaue erotische Einzelheiten geboten werden. Ihre Vorliebe sind Kriminalromane, weil Krimis, so ist sie überzeugt, die Intelligenz herausfordern. Dass sie der modernen Literatur damit indirekt einen vergleichbaren Anspruch abspricht, lässt freilich nicht nur ihre eigene Intelligenz, sondern auch das literarische Niveau des Genres Kriminalroman in einem wenig schmeichelhaften Licht erscheinen.

Als ironischer Seitenhieb auf die Gattung Kriminalroman ist auch der Titel des Krimis zu verstehen, den Prudence zu Beginn des Romans liest. Er hat den Titel *Der Lippenstift-Mörder*. Dieses Buch hat es aber nie gegeben. Sein fiktiver Titel ist vielmehr als bissige Anspielung auf die – in der Realität durchaus verbreitete – Praxis zu verstehen, schlechte Kriminalromane mit marktschreierischen Aufmachern zu versehen, um solche mediokren Produkte attraktiv zu machen und gut zu vermarkten.

Als Leserin von Kriminalromanen ist es für Prudence, die Ermittlerin in *Kraft seines Wortes,* nur ein kleiner Schritt von dem, was sie liest, zu dem, was sie selber erlebt, also vom Buch zu ihrer Wirklichkeit – die freilich ihrerseits wieder nur die Wirklichkeit eines Buches ist. Zu Beginn des Romans wird jedenfalls die Bedeutung des Bücherlesens für die weitere Handlung deutlich herausgestellt, und es wird dann in der Tat auch entscheidend für den Mordfall.

Der zweite Ermittler in *Kraft seines Wortes* ist Asey Mayo. Diese Figur verdankt ihre Existenz zu einem guten Teil einer Reihe von Büchern, und zwar den Kriminalromanen von Agatha Christie. Asey Mayo, ein bereits älterer Herr, ist das Faktotum eines jungen Millionärs, der als Hauptverdächtiger festgenommen wurde, aber unschuldig ist. Wie Agatha Christies Miss Marple ist er Amateurdetektiv und wie sein literarisches Vorbild greift er bei seinen Ermittlungen auf seinen gesunden Menschenverstand, seine Menschenkenntnis und seine Lebenserfahrung zurück.[3] Wie Miss Marple die Lebensumstände der Menschen in ihrem Heimatdorf St. Mary Mead kennt, so ist Asey Mayo mit den lokalen Gegebenheiten und der Mentalität der Menschen auf Cape Cod seit Langem aufs Beste vertraut. Als Insider besitzt er spezielle Kenntnisse über das Umfeld der Tat, die ihm bei seinen Ermittlungen nützlich sind und durch die er auch Prudence bei ihren Ermittlungen unterstützen kann.

An der Zeichnung ihrer männlichen Ermittlerfigur lässt sich ablesen, dass die Krimiautorin Phoebe Atwood Taylor selbst auch Leserin von Kriminalromanen ist. Dies verbindet sie mit fast allen ihren Kollegen. Aus anderen Kriminalromanen unterrichten sie sich zum Beispiel, welche Charakterzüge bestimmte Ermittlerfiguren haben, und erfinden dann ihre eigene Ausprägung eines bestimmten Typs, um so der Gattung eine neue interessante Variante hinzuzufügen. Insofern zeigt sich in diesem Kriminalroman wie in vielen anderen, wie aus Büchern Bücher entstehen.

In *Kraft seines Wortes* ist das Mordmotiv ein Schlüsselroman, in dem einem (inzwischen verstorbenen) protestantischen Geistlichen fälschlicherweise eine Liebesaffäre mit einer jungen Frau nachgesagt wird. Das erfüllt den Tatbestand der üblen Nachrede und Verleumdung, den man auch – und das passt hier besonders gut – als Rufmord bezeichnen kann. Auf einen Rufmord durch das Verfassen eines Buches folgt also ein Buchmord. Ihm fällt der Autor dieses verleumderischen Buches zum Opfer, wobei als Tatwaffe ein Exemplar eben dieses Buches benutzt wird. Der Verfasser wird also von seiner eigenen kriminellen Tat eingeholt: Sein Anschlag auf das Ansehen einer Person zieht einen Anschlag auf Leib und Leben seiner eigenen Person nach sich. Es ist, als hätte der Autor einen tödlichen Pfeil abgeschossen, der nun ihn selber trifft.

Der inkriminierende Schlüsselroman von Dale Sanborn trägt den mehrdeutigen Titel *Nächstenliebe*[4]. Obwohl er noch nicht im Buchhandel erhältlich ist, hat die Ermittlerin Prudence vom Autor persönlich ein Exemplar erhalten. Auch die Witwe des verleumdeten Geistlichen liest dieses Vorausexemplar und sie benutzt es dann, um in ihrer Entrüstung den Urheber zu ermorden. Anschließend vergisst sie nicht, wie in Kriminalromanen üblich, sich der Tatwaffe zu entledigen, und legt sie in einem nicht weit entfernten Badehäuschen ab.

Im Vergleich zu anderen Tätern hat sie einen besonders wichtigen Grund, diese Tatwaffe mit hoher Sorgfalt zu verstecken. Denn im Gegensatz zu jedem anderen beliebigen Mordinstrument ließen sich aus ihrer Tatwaffe nicht nur gewisse Indizien ableiten, die man dann mühsam zu entschlüsseln hätte. Vielmehr würde der Schlüsselroman unmittelbar auf die Identität der Mörderin verweisen: Man könnte buchstäblich wie in einem offenen Buch nachlesen, wer für den Mord verantwortlich war. Aus diesem Grund wäre es denn auch für die Täterin zu riskant gewesen, das Buch im Ferienhaus von Prudence Whitsby einfach unter anderen Büchern herumliegen zu lassen, denn das Mordopfer war schließlich der Autor, und das hätte Aufmerksamkeit erregt.

Genau das meint Asey Mayo, wenn er am Ende erwähnt, dass »dieser Trick mit dem entwendeten Brief«[5] für die Mörderin nicht funktioniert hätte. Er erweist sich damit als Kenner der Geschichte der Detektiverzählung, denn seine Bemerkung spielt auf Edgar Allan Poes Erzählung *Der gestohlene Brief* an. Hier hat Minister D. die brillante Idee, einen kompromittierenden Brief, mit dem er die Königin erpressen kann, so vor aller Augen zu verstecken, dass niemand ihn finden kann. Er macht sich in abgewandelter Form das Sprichwort »Den Wald vor lauter Bäumen nicht sehen« zunutze und verbirgt den Brief unter anderen, unbedeutend aussehenden Papieren. Nur Dupin, Poes genialer Amateurdetektiv, findet das Schriftstück, weil er sich in den Minister hineinversetzen und seine Denkweise nachvollziehen kann.

Mit der Bemerkung Asey Mayos macht Phoebe Atwood Taylor nicht nur die Vorgehensweise der Täterin erklärlich. Mit ihr huldigt die Autorin auch dem Erfinder der Detektivgeschichte Edgar Allan Poe (1809–1849) und verdeutlicht schließlich, warum man als Autorin von Detektivromanen nicht bei den bekannten Verfahren (hier dem Verstecken eines kompromittierenden Gegenstandes unter gleichartigen anderen) stehen bleiben kann, sondern sich immer wieder neue Varianten einfallen lassen muss.

Als Mordwaffe und als Mordmotiv taucht das Buch auch in Umberto Ecos internationalem Bestseller *Der Name der*

Rose (1982)[6] auf. Allerdings werden auch hier die uns inzwischen bekannten Versatzstücke neu variiert. In Ecos Roman wird das Buch zur Mordwaffe, nachdem man seine Seiten mit Gift bestrichen hat. Da sie durch Feuchtigkeit und Alter zusammenkleben, müssen die Opfer sie mit einem durch die Zunge befeuchteten Finger umblättern. Wenn die Leser dies lange genug tun, führen sie sich eine Dosis des Giftes zu, die groß genug ist, um daran zu sterben. Sie vergiften sich während der Lektüre selbst. Der Mörder braucht also bei der Tat gar nicht anwesend zu sein, sondern das auf so hinterhältige Weise präparierte Buch tötet diejenigen, die es lesen, automatisch.

Das Buch, dessen Inhalt der Täter für gefährlich hält und dessen Lektüre er unterbinden will, demonstriert die befreiende, autoritätsuntergrabende und obrigkeitskritische Wirkung des Lachens. Es hat also ein ähnliches Potential wie der mittelalterliche Karneval, dessen Funktion in vielen Kulturen darin bestand, zumindest für kurze Zeit die Herrschaftsverhältnisse auf den Kopf zu stellen. Den sonst im Elend lebenden Untertanen war es erlaubt, sich von ihrer Fron zu befreien und sich über die herrschenden Eliten lustig zu machen. Dies war bekanntlich nur für einen kurzen Zeitraum gestattet, anschließend musste das Leben wieder der gewohnten Ordnung entsprechen. Ein Buch jedoch, in dem das Lachen jederzeit möglich und erstrebenswert erscheint, könnte die Anerkennung der staatlichen Obrigkeit und religiöser Autoritäten systematisch unterhöhlen. Deshalb ist es aus Sicht des fanatisierten Täters viel gefährlicher als etwa der Karneval, bei dem sich alljährlich die angestaute Unzufriedenheit wie aus einem Sicherheitsventil nur für kurze Zeit entlädt und das einfache Volk sein schweres Los wieder ein weiteres Jahr tragen muss.

Der Name der Rose spielt im 14. Jahrhundert, also noch vor der Erfindung des Buchdruckes mit beweglichen Lettern. Wie bereits in Kapitel 2 ausgeführt, sind Bücher aus dieser Zeit etwas extrem Kostbares. Sie wurden in mühsamer Handarbeit von Mönchen hergestellt, waren farbig illustriert, vielfach mit vergoldeten Schnittkanten versehen und besaßen z. B. mit Edelmetallen beschlagene und mit Edelsteinen besetzte Ledereinbände.

Schauplatz des Eco-Romans ist ein Kloster, die handelnden Personen sind Mönche. Büchern bringen sie größte Wertschätzung und Hochachtung entgegen und verehren sie als Wissensträger ebenso wie als Belege mönchischer Handwerkskunst. Auch ein als gefährlich eingestuftes Buch kann man in diesem Umfeld also nicht einfach vernichten – und insbesondere dann nicht, wenn es sich, wie hier der Fall, um den Text eines klassischen Autors handelt. Wie andere Bücher ›gefährlichen‹ Inhalts wird es in den ›Giftschrank‹ der Bibliothek verbannt.

Die Vorstellung, dass ein Buch ungefestigte Charaktere auf moralische oder religiöse Abwege bringen und so seinen Geist vergiften könnte, wird in Ecos Roman ins Wörtliche übertragen. Nachdem der Mörder das Buch entsprechend präpariert hat, kann es nicht nur den Geist, sondern auch den Körper des Lesers vergiften. Der Täter ist, wie erwähnt, ein Fanatiker, der Angst vor der Wirkung des Buches auf die Menschheit hat und um jeden Preis verhindern will, dass sich die für die herrschenden Mächte gefährliche Ansteckungskraft des Lachens durch dieses Buch verbreiten kann. Die Inspiration zu seiner Mordmethode verrät er am Ende selber: Es war jene Stelle in der Offenbarung des Johannes (10,9), in dem dem Propheten ein Büchlein gegeben und ihm von einem Engel gesagt wird: »Nimm das Buch und verschling es, es wird dich im Bauche grimmen, aber in

deinem Munde wird's süß sein wie Honig!«[7] Das durch die Buchseiten verabreichte Gift hat die Opfer tatsächlich nicht nur im Bauch gegrimmt, sondern sie auch getötet.

Doch mit der Ermordung des Lesers gibt sich der Täter nicht zufrieden. Schließlich versucht er auch, das Buch selbst zu vernichten, indem er Seiten aus ihm herausreißt, um sie dann zu verschlingen. Er will das Buch also durch seinen Selbstmord begraben, sein Körper soll es Seite für Seite aufnehmen und auf diese Weise zerstören. Grundlage seiner buchstäblichen Form des Buch-Verschlingens ist also nicht dessen faszinierender Inhalt, sondern der abgrundtiefe Abscheu davor. Dieser Hass erzeugt einen Zerstörungswillen, der sich zugleich gegen das Buch wie gegen sich selbst richtet.

Da der Täter in Ecos Roman mit dem verschlungenen Buch am Ende in der Bibliothek verbrennt, ergibt sich eine komplexe und vom Autor genial durchdachte Konstruktion: Das Buch, um das es geht, wurde wahrscheinlich nie geschrieben. Aber da es nicht existiert, kann Eco die Fiktion in die Welt setzen, es sei durch einen Brand vernichtet worden. Sein Roman erklärt mit einer fiktiven Geschichte, wie es zu dieser Zerstörung kam, und liefert damit den Grund dafür, warum dieses nicht überlieferte Buch (das aber existiert haben könnte) nicht mehr erhalten ist. Zumindest macht der Romans plausibel, warum niemand mehr etwas über dieses Buch weiß.

Ein ähnliches Motiv wie Eco in *Der Name der Rose* verarbeitete Ray Bradbury bereits 1953 in seinem Roman *Fahrenheit 451,* nämlich die Furcht autoritärer Machthaber vor dem aufklärerischen Einfluss von Büchern und den in ihnen dargelegten Ideen. 451 Grad Fahrenheit (etwa 233 Grad Celsius) ist nach Meinung des Autors die Temperatur, bei der Papier sich selbst entzündet; in Wirklichkeit liegt diese Temperatur je nach Beschaffenheit des Papiers etwas niedriger oder etwas höher. In Bradburys Roman werden alle Bücher, denen der Staat habhaft werden kann, verbrannt, denn sie gelten als Träger von Gedankengut, das die Autorität des allmächtigen Überwachungsstaates unterminieren könnte. Das gilt wohlgemerkt in *Fahrenheit 451* für *alle* Bücher. In Ecos mittelalterlicher Welt wird nur *ein* Buch entsprechend eingestuft. Aber wie wir gesehen haben, reicht das aus, um eine ganze Mordserie zu rechtfertigen.

Dass einem Buch eine entscheidende Rolle bei einer ganzen Mordserie zukommt, ohne direkt als Mordwaffe eingesetzt zu werden, zeigt der Kriminalroman *Der Mordfall Greene* (1928)[8] des amerikanischen Schriftstellers und Journalisten S. S. Van Dine (eigtl. Willard Huntington Wright). Er behandelt das, was man in Anlehnung an die englische Redewendung »*to do something by the book*« (etwas nach dem Buchstaben ausführen, alles genau den Vorschriften entsprechend tun) als einen Fall von *murder-by-the-book* bezeichnen könnte: Hier werden Morde nach dem Muster einer Vorlage begangen – was zur Folge hat, dass fast eine ganze Familie ausgerottet wird.

Als Vorlage oder, wie man zynisch sagen könnte, als Gebrauchsanleitung nutzt der Mörder in Van Dines Roman ein kriminologisches Standardwerk des 19. und frühen 20.

Jahrhunderts, nämlich das *Handbuch für Untersuchungsrichter als System der Kriminalistik* von Hans Gustav Adolf Gross (1847–1915). Es erschien zuerst 1893 und blieb noch bis in die fünfziger Jahre des 20. Jahrhunderts »die Fibel für alle Detektive der Welt«.[9] Sicher ist also, dass echte Ermittler aus dem Handbuch lernten. In *Der Mordfall Greene* stellt es sich so dar, als sei es auch Vorlage für die geschilderte Mordserie gewesen. Längere Textabschnitte werden sogar im amerikanischen Original des Romans ausführlich auf Deutsch in den Fußnoten zitiert und im Text in englischer Übersetzung wiedergegeben.

Auf die Bedeutung des Handbuches wird schon im ersten Satz des Romans angespielt. Hier wundert sich der Erzähler, dass sich »die führenden Kriminologen« seiner Zeit nicht ausführlicher dem Fall, den er im Folgenden schildern wird, gewidmet haben. Schließlich war es eine Tat, die »nahezu einzigartig dasteht in den Annalen des modernen Verbrechens« und mit »teuflischer Raffinesse« ausgeführt wurde.[10] Hans Gross, der zu den »führenden Kriminologen« gehörte, wird hier noch nicht erwähnt. Aber es wird eingangs auf die große Bedeutung kriminalistischen Schreibens für die Handlung des Romans hingewiesen wie auch auf die »merkwürdigen, verborgenen Quellen«[11], die den Morden zugrunde liegen.

Das Geheimnis der Mordserie wird schon am Anfang als ein »Palimpsest des Schreckens« bezeichnet. Im Altertum und im Mittelalter war Schreibmaterial wie Papyrus und Pergament teuer und schwer zu beschaffen. Um daran zu sparen, schabte man einen alten, nicht mehr gebrauchten Text ab und überschrieb ihn einfach mit einem neuen. Hinter dem neuen Text verbarg sich also mehr oder weniger ausgelöscht ein anderer, älterer Text, eben der Palimpsest. Die Bezeichnung »Palimpsest des Schreckens« weist die Mordserie in *Der Mordfall Greene* damit als eine Geschichte aus, die man einem vorherigen Text überschrieben hat. Der vorherige Text ist das *Handbuch für Untersuchungsrichter*. Die Metapher vom Mord als Palimpsest deutet also bereits eingangs an, dass sich der Fall durch Rekurs auf das Handbuch lösen lässt, ohne dass die Leser dies merken.

Welche Abgründe sich hier auftun, macht erst eine weitere Überlegung deutlich. Wenn die Morde nach der Lektüre eines kriminalistischen Standardwerkes geplant werden können, dann bedeutet das nichts weniger, als dass das Schreiben über den Mord unweigerlich zu dessen Verbreitung beiträgt: Die Schriften eines Kriminalisten, der seine wissenschaftlichen Methoden zur Erklärung und Aufklärung von Verbrechen veröffentlicht, werden von jemandem gelesen, der einen Mord begehen will. Und über diese Morde schreibt dann wiederum der Erzähler im Roman *Der Mordfall Greene*, der sich verpflichtet fühlt, die bisher unbekannten Hintergründe des Falles genau darzulegen. Kurz gesagt: Das Schreiben über Morde erzeugt Morde, die wiederum das Schreiben darüber generieren – ein wahrlich teuflischer Kreislauf aus Schreiben und Verbrechen, der endlos weitergehen könnte.

Philo Vance, der Detektiv in den Romanen von S. S. Van Dine, entdeckt bei der Lektüre des Werkes von Gross dessen enorme Bedeutung: Das Buch behandelt das gesamte Feld der Geschichte des Verbrechens und seiner kriminologischen Erforschung und ist weltweit anerkannter enzyklopädischer Standard auf diesem Gebiet. Die Mörderin hatte »jede einzelne Tat, jede Vorgehensweise, jedes Hilfsmittel, jedes Detail den Seiten dieses Buches entnommen«[12].

So ist es wirklich kein Wunder, dass auch der brillante Philo Vance und seine Helfer lange Zeit im Dunkeln tappen und erst spät auf die Lösung des Rätsels der Mordserie kommen. Denn ihr Kontrahent war nicht eine einzelne raffinierte Person. Vielmehr war es »die Summe der Erfahrung von hunderten von gerissenen Verbrechern, die [der Täterin] vorangegangen waren, und dazu der analytische Verstand des größten Kriminologen der Welt – Doktor Hans Groß«[13], gegen die sie ankämpfen mussten. Die Ermittler hatten also praktisch gegen eine ganze Armee von Verbrechern vorzugehen, deren kriminelle Intelligenz, Energie und Tatkraft in einem einzigen Buch gebündelt waren.

Eine Variation des Motivs vom Buch als Mordinstrument, die man »Das Buch als Todesursache und als Instrument der Rache« nennen könnte, findet sich in einem Kriminalroman von Michael Innes. Dieses Pseudonym benutzte der Oxford-Professor und Anglist John Innes Mackintosh Stewart als Krimiautor.

Sein Kriminalroman *Unternehmen Pax* (1966)[14] beginnt wie ein Spionage-Thriller: Der Kleinkriminelle Routh dringt in die Labors einer Privatklinik ein und gerät dabei durch Zufall in die Fänge einer geheimnisvollen Organisation. Auf der Flucht tötet er in Notwehr einen Wissenschaftler und kann einen Zettel mit der offensichtlich unheilvollen »Formel 10« entwenden. Sie steht im Zusammenhang mit der geheimen Entwicklung einer Droge, die Menschen jede Aggressionslust nimmt und sie friedfertig macht (daher der Titel; lat. *pax* = Friede). Routh versteckt diesen Zettel in einem Buch, das ein Professor aus der Bibliothek der ehrwürdigen Universität von Oxford entliehen und dann nichtsahnend wieder zurückgegeben hat.

Die nach Sir Thomas Bodley (1545–1634) benannte Bodleian Library, kurz: die Bodley, spielt eine Hauptrolle in

diesem Krimi. Mit ihrem Geruch nach altem Leder, Pergament und Holz, mit den Gerüchten, wonach in ihr bei
Nacht Geister umgehen, mit ihrer Geschichte, die bis ins
Mittelalter zurückgeht, sowie mit ihren verschiedenen Ge-
bäuden und deren Architektur ist diese Bibliothek fast so
etwas wie eine eigenständige Persönlichkeit im Roman.

In der Bodley ist nun der Zettel mit der äußerst gewinn-
versprechenden, aber ebenso gefährlichen chemischen
»Formel 10« in einem Buch wie die sprichwörtliche Nadel
in einem Heuhaufen versteckt. Man stelle sich vor: Das
Buch befindet sich zwischen Millionen anderer Bücher in
einer der größten Bibliotheken der Welt. Zur Lagerung der
Bestände wurden hier unterirdische Magazine eingerichtet,
die sich über weite Korridore und mehrere Etagen erstre-
cken und deren Räumlichkeiten sich durch bewegliche
Regale ständig verändern. Als sich mehrere Personen auf
die Suche nach der Formel begeben, beginnt der Showdown: Wer wird die Formel zuerst finden?

Für den Hintermann des geheim gehaltenen For-
schungsprojekts, das bereits zahlreiche Opfer gefordert hat,
erweist sich die Bibliothek als Todesfalle. Als er das Buch
mit der Formel als Erster findet, fällt es ihm bei einem wag-
halsigen Sprung aus der Hand, er stolpert darüber und
stürzt in die Tiefen des unterirdischen Buchlagers hinab.

Am Ende müssen auch die beiden jungen Ermittler in das unterirdische Labyrinth der Bodley hinabsteigen wie in die Unterwelt. Einem von beiden fällt dazu auch das passende lateinische Zitat »*Facilis descensus averno*« ein, das aus dem sechsten Buch der *Aeneis* des Vergil stammt und bedeutet: Der Abstieg in die Unterwelt ist leicht. Impliziert ist darin freilich das eigentliche Problem, dass nämlich nicht jeder auch wieder aus ihr herausfindet, wie beim Drahtzieher der O*peration Pax* der Fall.

Dem Leiter der Bibliothek bleibt es schließlich vorbehalten, das Geschehen zu kommentieren. Er bezeichnet das Buch als die konkret-materielle Todesursache des Schurken. Es hat ihn nicht in übertragenem, sondern physikalischem Sinne getötet. Freilich wird diese anschaulich-gegenständliche Deutung des Geschehens dann doch wieder ins Symbolische überhöht. Denn der Titel des Buches war *A Thunderbolt of Wrath against Stiff-Necked and Impenitent Sinners,* also: *Ein Blitzschlag des göttlichen Zorns gegen hartnäckige und reuelose Sünder.* Darauf spielt auch der alternative englische Titel des Romans von Michael Innes, *A Paper Thunderbolt (Der papierne Blitzschlag),* an. Er deutet das Buch, das den Mörder zu Fall brachte, nicht nur als Waffe, sondern auch als Strafinstrument, mit dem ein moralisches Vergehen geahndet wird: als Werkzeug der Gerechtigkeit und der göttlichen Rache.

5·
DER MORD IN DER BIBLIOTHEK:
EIN TATORT SORGT FÜR
ÜBERRASCHUNG

W ollen Sie damit sagen [...], dass eine Leiche in meiner Bibliothek liegt – in *meiner* Bibliothek?«[1] Colonel Bantry kann es einfach nicht glauben. Gerade von einer verschreckten Hausangestellten aus dem Morgenschlaf gerissen, versichert er seiner neben ihm liegenden Gattin, dass solche Dinge zwar in Kriminalromanen vorkommen – aber doch nicht im wirklichen Leben! Trotzdem ist das Unerhörte geschehen: In *seiner* Bibliothek liegt die Leiche einer jungen blonden Frau im Ballkleid. Ein solcher Affront bringt den guten Colonel dermaßen aus der Fassung, dass er fast sein Frühstück kalt werden lässt. Die von seiner Frau herbeigerufene Miss Marple wird ihren ganzen Scharfsinn aufbieten müssen, um *Die Tote in der Bibliothek*, so der Titel der deutschen Übersetzung des Romans, zu identifizieren und den Fall aufzuklären.

Als Agatha Christies Detektivroman *The Body in the Library* im Jahr 1942 erschien, war das Motiv der Leiche in der Bibliothek schon zu einem abgegriffenen Klischee geworden, wie sie selbst in ihrem Vorwort feststellt. Dafür gibt es auch genug Belege, von denen hier nur einige genannt werden sollen.

Am Anfang von *Starkes Gift* (*Strong Poison,* 1930) von Dorothy Sayers spricht Freddy Arbuthnot, der liebenswerte und vertrottelte Freund von Lord Peter Wimsey, von der

Leiche in der Bibliothek des englischen Landhauses als einem stereotypen Mordschauplatz. Er hat auch allen Grund zu dieser Feststellung, denn schon in Anna Katharine Greens frühem Kriminalroman *The Leavenworth Case* von 1878 wird das Mordopfer erschossen in seinem Bibliothekszimmer aufgefunden. Agatha Christie selbst hat dazu beigetragen, das Stereotyp zu festigen: In einem ihrer bekanntesten Miss Marple-Romane, *Mord im Pfarrhaus* (*The Murder at the Vicarage,* 1930), findet man den allseits unbeliebten und daher als Mordopfer so geeigneten Colonel Protheroe tot in der Pfarrhausbibliothek.

Als typischer Schauplatz eines Mordes ging die Landhausbibliothek auch in *Cluedo* ein. Das in den vierziger Jahren entworfene Gesellschaftsspiel bedient sich der festen Versatzstücke des klassischen Detektivromans und stellt die Spieler vor die Aufgabe, einen Mordfall durch die Ermittlung der Tatwaffe, des Tatorts und des Täters zu lösen. Bis zur Neuauflage von 2008 gehörte auch die für das englische Landhaus obligatorische Bibliothek zu den potentiellen Tatorten.

Eine andere Beobachtung ist für die Geschichte des Detektivromans noch von weitaus größerer Bedeutung. Bertolt Brecht war ein begeisterter Leser von Kriminalromanen und geradezu süchtig nach dieser Art von Lektüre. In seinem Essay *Über die Popularität des Kriminalromans* entwarf er eine kurze Poetologie des Detektivromans und stellte fest, dass dieser sich einer Kombination aus »Schema« und

»Variation« bediene.[2] Dies war nicht als kritischer Hinweis gemeint, der den literarischen Wert des Krimis infrage stellen sollte. Vielmehr betonte Brecht: »Kein Kriminalromanschreiber wird die leisesten Skrupel fühlen, wenn er seinen Mord im Bibliothekszimmer eines lordlichen Landsitzes vorgehen läßt, obwohl das höchst unoriginell ist.«[3]

Dass die Bibliothek auf dem Landsitz eines britischen Lords in Kriminalromanen schon längst ein geläufiger Mordschauplatz ist, spricht also Brecht zufolge keineswegs dafür, dass Krimiautoren sie nicht weiter verwenden sollten, im Gegenteil: Gerade das Wiederholen vertrauter Elemente – wie die Bibliothek als Tatort oder als der Ort, an dem die Leiche gefunden wird – macht den speziellen Reiz eines Kriminalromans aus. Das Vorkommen sich stark ähnelnder Charaktere, Tatmotive und Schauplätze ist also kein Grund, solche Romane gering zu schätzen. Wer das tut, hat Brecht zufolge das Genre Kriminalroman nicht richtig verstanden. Denn es sind gerade die kleinen Veränderungen an den bekannten Bausteinen, denen die Gattung ihre Interessantheit verdankt: »Die Tatsache, dass ein Charakteristikum des Kriminalromans in der Variation mehr oder weniger festgelegter Elemente liegt, verleiht dem ganzen Genre sogar das ästhetische Niveau. Es ist eines der Merkmale eines kultivierten Literaturzweigs.«[4]

Man muss nicht wie Brecht in den Höhen von ästhetischer Theorie und literarischer Kultiviertheit denken, um zu verstehen, was hier gemeint ist: Wenn wir einen Krimi lesen, dann wollen wir genau der richtigen Mischung aus gattungstypisch vertrauten Elementen und mehr oder weniger leichten Abänderungen dieser Elemente begegnen. Es ist die Stimmigkeit dieses Mischungsverhältnisses, die unseren Lesegenuss ausmacht.

Um nun auf Agatha Christie zurückzukommen: Sie war eine Meisterin in der Zubereitung dieser Mischung aus Altbekanntem und Neuem, das manchmal provozierend war. Für *Die Tote in der Bibliothek* hatte sich die »Queen of Crime« vorgenommen, eine Variation über ein bekanntes Thema zu liefern: »Die Bibliothek musste eine streng konventionelle Bibliothek sein, die Leiche dagegen eine ganz und gar ungewöhnliche, sensationelle Leiche.«[5]

Und so handelt es sich bei Colonel Bantrys Bibliothek denn auch um ein typisches Exemplar der Gattung. Es ist ein etwas heruntergekommen aussehender, stattlicher Raum, gefüllt mit alten Sesseln, Pfeifen und Büchern. Auf dem großen Tisch liegen Papiere und Dokumente, und an den Wänden hängen Familienporträts, nicht gerade hochwertige Aquarelle sowie die obligatorischen Jagdszenen. Die Bibliothek vermittelt eine Atmosphäre von Nachlässigkeit und Abgeklärtheit und charakterisiert ihren Besitzer als jemanden, der sich hier eingerichtet hat und auf die Gegebenheiten seines Lebens zufrieden zurückblicken kann.

Im Gegensatz zu dieser etwas langweilig erscheinenden, aber gerade dadurch ihre Zwecke erfüllenden Bibliothek steht die Leiche. Sie passt nicht ins Bild, sie führt ein fremdes, krudes, theatralisches Element in die häusliche Szene ein. Es handelt sich um den Körper einer jungen Frau, auffällig geschminkt und in ein mit Glitzersteinen besetztes Seidenkleid gehüllt. Alles an dieser Figur macht den Eindruck des Unnatürlichen, von den scharlachrot gefärbten Lippen über die blutrot lackierten Fingernägel bis zu den billigen silbernen Sandalen: »Eine vulgäre, aufgedonnerte Erscheinung, höchst unpassend inmitten der soliden, altmodischen Gemütlichkeit von Colonel Bantrys Bibliothek.«[6] Der Kontrast zwischen der Gemütlichkeit der Bibliothek und dem schockierenden und unwirklich erscheinenden Fund der Leiche, die hier im wahrsten Sinne des Wortes ein Fremd-Körper ist, könnte nicht größer sein.

Zunächst werden alle möglichen Erklärungen aufgeboten, um die Realität des Mordes und die Anwesenheit einer Leiche in der Bibliothek zu leugnen. Dem Dienstmädchen werden Hysterie und Wahnsinn unterstellt, der eigenen Ehefrau will Colonel Bantry weismachen, dass sie nach der Lektüre eines billigen Kriminalromans noch in einem Traum befangen sei. Es nützt aber alles nichts, die Leiche in der Bibliothek lässt sich nicht wegdiskutieren, und für den guten Colonel bricht eine Welt zusammen. Der grausige Fund lässt ihn an der Realität zweifeln und macht ihn zu einem körperlichen und geistigen Wrack, zumal man ihn auch noch verdächtigt, ein Verhältnis mit der jungen Frau gehabt zu haben.

In ihrer Beispielhaftigkeit steht die Bibliothek des Colonel Bantry nicht nur für einen einzelnen Menschen, sondern für eine ganze gesellschaftliche Gruppe: die sogenannte *landed gentry* oder das, was von ihr Mitte des 20. Jahrhunderts übrig geblieben war. Die seit dem 16. Jahrhundert in England gebräuchliche Bezeichnung ist eine recht vage Klassifizierung, die Landbesitzer aus dem gehobenen Bürgertum und dem niederen Adel einschließt. Das entscheidende Kriterium der Zugehörigkeit zu dieser Schicht oder Klasse ist das Einkommen aus Grundbesitz und Immobilien, nicht aus geregelter Arbeit oder kaufmännischen Unternehmungen. Colonel Bantry und seine Familie gehören zu dieser gesellschaftlichen Schicht und ihrer Umgebung, in der Agatha Christie fast alle ihre Detektivromane hat spielen lassen. Ein Landsitz ist der typische Wohnort dieser *landed gentry* und in den Detektivromanen der Zwischenkriegszeit, dem sogenannten *Golden Age* des englischen Detektivromans, auch ein typischer Ort des Verbrechens.

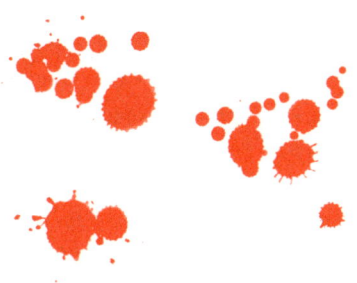

Dieser Schauplatz wird dann später durch andere fest umgrenzte Räume – wie eine Insel, ein Schiff, ein Eisenbahnwaggon oder sogar ein Flugzeug – ersetzt. Wie im Fall des einsamen Landhauses, das manchmal sogar noch durch ein Unwetter oder andere Widrigkeiten von der Umwelt isoliert wird, garantieren solche Räume, dass der Kreis der Verdächtigen auf eine kleine Gruppe beschränkt ist. Einer der Anwesenden muss also der Täter sein, und dann kommt es nur noch darauf an, die betreffende Person zu überführen.

Agatha Christie wäre allerdings nicht eine der einfallsreichsten Krimiautorinnen gewesen, wenn sie das bereits bekannte Schema in *Die Tote in der Bibliothek* nicht noch weiter variiert hätte: Der Mord auf dem Landsitz des Colonels wurde nicht verübt, als die Gruppe der Verdächtigen anwesend war, sondern am Abend zuvor. Außerdem wurde die junge Frau nicht in der Bibliothek selbst getötet, sondern dort nur abgelegt (und zwar nicht vom Mörder). Jemandem kam es darauf an, den guten Colonel zu verstören, ihn in seinem Inneren tief zu treffen, und dafür eignete sich der Fundort der Leiche in der Bibliothek ganz hervorragend.

Der Kontrast zwischen der gediegenen Bibliothek und dem schrillen Äußeren der Leiche wurde eingangs als Versuch der Autorin gedeutet, eine neue Variante für ein inzwischen schon recht verbrauchtes Schema des Detektivromans zu finden. Diesen Kontrast kann man daneben aber auch als Metapher für den Gegensatz des von Christie idealisierten Lebens der *landed gentry* und den ›Auswüchsen‹ der modernen Zeit verstehen.

Schon die Kleidung des Mordopfers und ihr sonstiges Aussehen weisen darauf hin, dass die junge Frau zu einer anderen gesellschaftlichen Gruppe gehört als die Bantrys. Im weiteren Verlauf des Romans zeigt sich, dass sowohl das Opfer als auch die Täter aus einer jüngeren Generation stammen, die die strikten Moralvorstellungen und weltanschaulichen Überzeugungen der älteren und gesetzteren Figuren nicht mehr teilt. Die Leiche in der Bibliothek ist bei Agatha Christie auch ein Symbol für den Einbruch der Moderne in die nostalgisch verklärte Welt der Jahrhundertwende, in der die Autorin aufgewachsen war.

Gegen Ende des Romans und kurz vor Aufklärung des Verbrechens wird deutlich, dass Colonel Bantry seine eigene Bibliothek inzwischen unheimlich geworden ist. Die Anwesenheit einer Leiche kommt in seinen Augen einer Besudelung seiner Bibliothek gleich und löst eine Lebenskrise aus, weil Verbrechen und Tod in die wohlgeordnete Welt des gut situierten Landbesitzers hereingebrochen sind.

Die Bibliothek seines Landhauses war der Ort, an dem ein derartiger Einbruch sich am wirkungsvollsten ereignen konnte. Denn die hier versammelten Dokumente und Artefakte verbürgen die Identität und die Klassenzugehörigkeit des Grundbesitzers und verbinden ihn mit seiner Familientradition, seiner Bildung und seinem Besitz. Insofern ist dieser

Raum nicht nur ein beliebiger Teil des Hauses, sondern auch ein symbolischer Ort: das Repositorium seiner individuellen und gesellschaftlichen Existenz, gleichsam der Tempel seines säkularen Daseins und ein privater Rückzugsraum, der durch die Anwesenheit einer Leiche geradezu entweiht wird.

Wenn nun dieser Ort durch das Eindringen des Verbrechens verloren geht, dann muss er wiedererobert werden. Und genau dies geschieht am Ende des Romans: Colonel Bantry möchte eigentlich nach dem Dinner lieber in irgendeinem anderen Zimmer seines weitläufigen Hauses den Abend verbringen. Doch seine Frau besteht darauf, wieder die Bibliothek zu benutzen, und er lässt sich schließlich von ihrer Entschlusskraft mitreißen. Mit einem neu erwachten Funkeln in den Augen beschließt er: »Wir werden in der Bibliothek sitzen.« Im Detektivroman des *Golden Age* wird also am Ende durch die Aufklärung des Verbrechens das Vertrauen in die Stabilität der gesellschaftlichen Verhältnisse wiederhergestellt. Nichts anderes bedeutet es, wenn Colonel Bantry von seinem liebsten Ort im Haus wieder Besitz ergreift. Die Bibliothek als privilegierter Raum des Landhauses repräsentiert als Pars pro Toto den Landsitz selbst wie auch diejenigen, die ihn seit Jahrhunderten bewohnen.

Man hat Agatha Christie oft nachgesagt, dass sie in ihren Detektivromanen die konservativen Wertvorstellungen und die Ideologie der gehobenen englischen Mittelschichten wiedergebe und die gesellschaftlichen Realitäten der ersten Hälfte des 20. Jahrhunderts weitgehend ausgeblendet habe. In *Die Tote in der Bibliothek* wird das besonders dadurch deutlich, dass der Zweite Weltkrieg, der beim Erscheinen des Buches im Jahr 1942 bereits Schrecken auf Schrecken gehäuft hatte, mit keinem Wort erwähnt wird.

Man sollte die Autorin jedoch nicht unterschätzen. Wenn man genauer hinsieht, erkennt man, dass der gute alte Colonel einen gesellschaftlichen Typus repräsentiert, der den Anforderungen des modernen Lebens nicht mehr gewachsen ist. Schon nach der Entdeckung der Leiche in seiner Bibliothek wird er von seiner Frau »wie ein störrisches Huhn«[7] ins Esszimmer geschickt, damit sie und Miss Marple den Tatort inspizieren können. Wie in allen Detektivromanen von Agatha Christie sind es auch hier weibliche Figuren oder feminisierte Männer wie Hercule Poirot, die sich bei der Aufklärung von Verbrechen und damit der Wiederherstellung der gesellschaftlichen Ordnung als überlegen erweisen. Das hat zwar nichts mit der Realität des Krieges zu tun, der zur Zeit der Entstehung des Romans tobte, es zeigt jedoch, dass Agatha Christie sehr wohl die Veränderungen wahrnahm, die in der ersten Hälfte des 20. Jahrhunderts in Europa vor sich gingen.

Einer der wichtigsten Wandlungsprozesse war die neue Unabhängigkeit der Frauen, die schon seit dem Ersten Weltkrieg viele sonst typische Männerrollen übernahmen und etwa als Fabrikarbeiterinnen oder als Hilfskräfte in militärischen und paramilitärischen Organisationen zu finden waren. Als Frauen ihre an der Front kämpfenden Männer an der Heimatfront ersetzen mussten, verschaffte ihnen das ein neues Selbstbewusstsein, das allerdings in der jeweiligen Nachkriegszeit keine angemessenen Betätigungsfelder mehr fand. Im Detektivroman konnten diese neuen Ansprüche wenigstens ansatzweise befriedigt werden.

Der Mord in der Bibliothek ist schon früh ein beliebtes Motiv des Kriminalromans gewesen. Warum ist das so? Warum muss die Leiche gerade in der Bibliothek gefunden werden? Warum wirkt eine Leiche in der Bibliothek so

verstörend? Was empfinden wir als so unpassend, so widersinnig, ja vielleicht geradezu
obszön daran?

Einige Anhaltspunkte zur Beantwortung
dieser Fragen hat uns schon die Beschäfti-
gung mit dem Bibliotheksmotiv in Kapitel 3
gegeben. Ein Blick auf Agatha Christies *Die
Tote in der Bibliothek* bestätigt diese Beobachtungen: Eine
Bibliothek ist normalerweise ein Ort der Ruhe, des Frie-
dens, der Ordnung und der Abgeschiedenheit, an dem
man sich vom Trubel der Welt und den Ansprüchen der
Gegenwart erholen kann. Ein solcher Ort hat eine ganz
besondere Atmosphäre von Gediegenheit und Zeitlosig-
keit. Bibliotheken sind Archive gesammelten Wissens, und
manche berühmte Bibliotheken haben die ehrfurchtgebie-
tende Aufgabe, das Erbe der Menschheit zu speichern. Ein
Verbrechen passt nicht zu den Eigenschaften und Stim-
mungen, die wir mit diesem Ort assoziieren. Gerade ein
Mord steht dazu in krassem Widerspruch, denn er bringt
ein Element des Chaos in ein geordnetes Leben.

So wird jedenfalls der philosophische Hintergrund der
Kriminalliteratur bestimmt. Ernst Bloch zufolge ist es das
»Hauptkennzeichen des Detektivromans«, dass er uns in
ein »Dunkel des Anfangs« zurückschickt, das sich zum Beispiel in der Geschichte des Ödipus, aber auch als »Urdun-
kel« bei dem Mystiker Jakob Böhme oder als »Urgrund« in
der Kabbala äußere.[8] Das griechische Wort *cháos* bezeich-
nete ursprünglich die gestaltlose Urmasse vor der Entstehung des Kosmos bzw. des Weltalls. Kosmos geht zurück auf
das griechische *kósmos,* das eigentlich »Ordnung, Ehre,
Schmuck« bedeutet. Das Chaos, wie es dann auch in der
lateinischen Bibelübersetzung aus dem Griechischen, der
Vulgata, bekannt wird, bedeutet die Auflösung aller Werte

und Ordnungsvorstellungen zu einem einzigen Wirrwarr, einem großen Durcheinander.

Ein Mord versetzt die gewohnte Umgebung also in Unordnung. Geschieht er ausgerechnet in einer Bibliothek, an einem Ort also, der in besonderem Maße für Ruhe und Ordnung steht, dann wird unser Vertrauen in die ‚normale‘, geordnete Welt bis ins Mark erschüttert. Deshalb ist die Bibliothek des englischen Landhauses ein hervorragend geeigneter Schauplatz, um das Hereinbrechen des Chaos im Detektivroman zu veranschaulichen. Hier lässt sich eine Leiche (der Tod) in denkbar deutlichstem Widerspruch zu einer zivilisierten Umgebung (und ihrer Verleugnung des Todes) positionieren.

Als in den dreißiger Jahren des 20. Jahrhunderts das adelige Landhaus als Handlungsschauplatz für den Detektivroman nicht mehr zeitgemäß war und sich das Motiv allmählich abgenutzt hatte, war auch das private Bibliotheks- oder Studierzimmer als Tatort obsolet geworden. Man konnte es wie Agatha Christie nur noch verwenden, indem man auf seine Klischeehaftigkeit ausdrücklich hinwies. Jetzt gerieten zum ersten Mal auch öffentliche Bibliotheken oder größere Privat- und Forschungsbibliotheken in den Blick von Krimiautoren und -autorinnen.

Anders als das Bibliothekszimmer des adligen Landhauses werden solche Einrichtungen nicht immer als Orte

wahrgenommen, die Ruhe, Besinnlichkeit, Schutz und Geborgenheit garantieren. Manche öffentlichen Bibliotheken, wie zum Beispiel die von Toronto oder die Sterling Memorial Library der Yale University, verhindern dies schon durch den Stil ihrer Architektur. Dort kann man das Gefühl haben, dass einem »alles Mögliche zustoßen könnte« und dass sich hier eine Leiche für mehrere Tage verstecken ließe, ohne dass jemand sie fände.[9] Bereits im Jahr 1931 erschienen in den USA zwei Kriminalromane, in denen solche größeren Bibliotheken den Hintergrund für Mordfälle bilden.

In Charles J. Duttons *Murder in a Library* (1931; *Mord in einer Bibliothek*)[10] wird eine Bibliothekarin mitten in einer der bekanntesten öffentlichen Bibliotheken des Landes erdrosselt. Dies geschieht, obwohl der Lesesaal zum Zeitpunkt des Mordes gut besucht ist – nicht zuletzt, weil zahlreiche Obdachlose hier zeitweilig ein warmes Plätzchen finden. Ein Mord in einer solchen Einrichtung ist etwas Unerhörtes, noch nie Dagewesenes, wie fast alle Beteiligten nicht müde werden zu betonen. Sogar der lokale Gangsterboss findet, dass Mordfälle und Bibliotheken einfach nicht zusammenpassen. Der Protagonist ist allerdings anderer Meinung: Nach Harley Manners, Professor für abnormale Psychologie, kann in Bibliotheken alles Mögliche passieren, denn sie seien von engstirnigen, gehemmten und neurotischen Frauen bevölkert, die dort arbeiten, weil sie sonst nichts anderes können.

Die erstaunlich frauenfeindliche Haltung des Professors, die durchaus als Meinung des Autors gelten kann, lässt sich vielleicht aus der Entstehungszeit des Romans erklären. *Murder in a Library* wurde am Anfang der großen Weltwirtschaftskrise der dreißiger Jahre geschrieben, als Arbeitsplätze immer knapper wurden. Zur gleichen Zeit begannen Frauen, auch in anderen als den ihnen traditionell zugewiesenen Berufen zu arbeiten. Es kann daher nicht verwundern, dass der Roman dafür wirbt, Frauen aus Berufen wie dem des Bibliothekswesens hinauszudrängen.

Dass Bibliotheken die Domäne von Männern sind, daran wird kein Zweifel gelassen: Sowohl der als Ermittler arbeitende Psychologieprofessor als auch der Gangsterboss haben jeweils ihre eigene kleine Privatbibliothek, in die sie sich zum Nachdenken zurückziehen können. Beide – sogar der Gangster! – sind sympathische Figuren, während die ältere Bibliothekarin, die dem Mord zum Opfer fällt, ein Ausbund an Niedertracht ist. Aber als weiblicher Bibliotheksangestellten widerfährt ihr schließlich genau das, was sie der dem Roman zugrunde liegenden Ideologie nach verdient.

Ebenfalls im Jahr 1931 erschien *The Gutenberg Murders* (*Die Gutenberg-Morde*[11]) des Autorenehepaars Gwen Bristow und Bruce Manning. Dieser Krimi spielt in New Orleans, und eine der Hauptrollen übernimmt die fiktive Muriel Sheldon Gedächtnisbibliothek. Diese Bibliothek wird mit Geldern einer privaten Stiftung finanziert und ist der Sammlung und dem Studium von Manuskripten, Inkunabeln und seltenen Ausgaben gewidmet. Zwar wird hier keiner der drei Morde des Romans verübt, aber alles, was geschieht, ist auf die Bibliothek bezogen. Die Handlung wie auch die Figuren des Romans sind mit ihr eng verflochten und wären ohne sie nicht denkbar.

Im Hintergrund aller Verwicklungen steht das Testament des Bibliotheksgründers, das fast alle Beteiligten gegeneinander ausspielt und ihnen allen ein Verbrechensmotiv liefert. Besonders aber geht es um eine langjährige Feindschaft zwischen zwei Bücherwürmern, dem Leiter der Bibliothek und ihrem Treuhänder. Beide versuchen, den jeweils anderen aus dem Amt zu verdrängen und ihn als unfähig und korrupt hinzustellen.

Der Roman beginnt noch recht harmlos damit, dass die neun Blätter einer Gutenberg-Bibel verschwunden sind, die der Bibliotheksleiter gerade in den Ruinen eines bayerischen Klosters entdeckt hat. Dann aber kommen drei mit der Bibliothek auf die eine oder andere Weise verbundene Personen auf grausamste Weise um. Sie verbrennen bei lebendigem Leibe. Wie sich am Ende herausstellt, hatte der Mörder bestimmte Kleidungsstücke, von denen er wusste, dass seine Opfer sie tragen würden, so mit Phosphor präpariert, dass sie zu einem bestimmten Zeitpunkt Feuer fangen würden. Ob diese Mordmethode auch in der Realität funktionieren würde, sei dahingestellt. Doch sorgen die »Bibel-Morde«, wie es im Roman heißt, für begreifliche Aufregung, bis der Mörder schließlich gestellt wird.

Inspiriert wurde der Autor durch die von Euripides erzählte Geschichte von Jason und Medea. Nachdem Jason sie verstoßen hatte, ermordete Medea die neue Geliebte ihres Mannes durch ein mit magischen Kräften ausgestattetes Kleid. Sobald diese das Kleid angelegt hatte, fing es Feuer, und sie verbrannte darin.

In *The Gutenberg Murders* kommt man dem Mörder auf die Spur, als man das Buch eines französischen Philosophen findet, das die scheinbar auf Zauber und Magie beruhenden Geschichten der griechischen Antike mit wissenschaftlichen Erklärungen begreiflich machen wollte. Dieses Buch von Eusebe Salverte war wirklich 1829 in Paris erschienen. Die Ermittler in unserem Kriminalroman entdecken es durch die amerikanische Übersetzung, die 1847 in New York unter dem Titel *The Philosophy of Magic, Prodigies and Apparent Miracles (Die Philosophie der Magie, der Wunderkinder und der scheinbaren Wunder)* erschien. Die Lösung der Mordserie kann also erst gefunden werden, nachdem ein seltenes altes Buch zum Vorschein gekommen ist, das eine noch älte-

re Geschichte auf natürliche Ursachen zurückführen wollte. Beide Bücher stammen natürlich aus der Bibliothek, die
für diesen Krimi so wichtig ist.

Damit haben wir zwei Beispiele dafür kennengelernt,
wie sich das Motiv vom Mord in der Bibliothek entwickelt
hat. War am Anfang noch das gemütliche Bibliotheks- oder
Studierzimmer des herrschaftlichen Landhauses Schauplatz des Verbrechens, so entdeckte man bald auch die Möglichkeiten, die die große öffentliche Stadtbibliothek oder
die umfangreiche private Forschungsbibliothek dem Ein-
fallsreichtum der Krimiautoren und -autorinnen bieten.
Zwar haben sich die Umstände, das Figurenensemble und
die Motive für den Mord in der Bibliothek gewandelt, aber
eines ist gleich geblieben: Als Schauplatz für einen Mord erscheint uns die Bibliothek immer noch seltsam fremd. Der
Mord in der Bibliothek ist nach wie vor etwas Unerhörtes,
etwas, das es eigentlich nicht geben dürfte.

Am Schluss dieses Kapitels werfen wir noch einen Blick
auf ein Buch eines der besten lateinamerikanischen Krimiautoren der Gegenwart, auf Leonardo Paduras *Der Nebel
von gestern* (2008)[12]. Er spielt in Havanna am Anfang des
21. Jahrhunderts. Die wirtschaftliche Situation
ist nicht mehr nur prekär, wie man das in
der Mangelwirtschaft gewohnt war, sie
ist verzweifelt geworden. Die Menschen hungern, und auch nur das
zum Leben Notwendigste zu bekommen, wird zunehmend unmöglich. Hoffnungslosigkeit greift
um sich. Mario Conde, den man als
Polizeileutnant aus Paduras vierbändigem *Havanna-Quar-
tett*[13] kannte, hat den Polizeidienst quittiert und schlägt
sich jetzt als Buchantiquar durch. Da viele Kubaner ihre

Besitztümer verkaufen, um überleben zu können, wird auch ein schwunghafter Handel mit antiquarischen Büchern getrieben.

Eines Tages macht Conde eine Entdeckung, die sein Leben verändert: Im heruntergekommenen Haus einer ehemals wohlhabenden und einflussreichen Familie entdeckt er eine Privatbibliothek mit unschätzbar wertvollen Büchern, besonders über die so abwechslungsreiche Geschichte Kubas. Sein Glück ist gemacht – so denkt er wenigstens. Aber dann findet er in einem der Bücher das Foto einer Bolero-Sängerin aus den fünfziger Jahren. Wie unter Zwang macht er sich daran, mehr über diese Sängerin, die scheinbar schon vor langer Zeit verschwunden ist, herauszufinden.

Noch ein anderes Ereignis erschwert seine Pläne: Die wertvolle Büchersammlung gehört zwei älteren Geschwistern, einem Mann und einer Frau. Der Mann wird nach einigen Tagen ermordet in der Bibliothek aufgefunden. Hatte sich ein anderer Interessent eingefunden, der vor Mord nicht zurückschreckte, um in den Besitz der Bücher zu kommen? Hatte beim Feilschen um die Bücher jemand die Kontrolle über sich verloren? Oder hatte das Mordopfer einen Bücherdieb entdeckt, der auf irgendeine Weise Wind von den unersetzlichen Büchern bekommen hatte?

Der Mord wird am Ende aufgeklärt. Aber im Mittelpunkt des Romans stehen neben der Suche nach der verschwundenen Bolero-Sängerin, die eine Reise in die Vergangenheit Kubas ist, vor allem die Bibliothek und ihre Bücher, die drei Generationen von bibliophilen Familienangehörigen gesammelt haben. Mario Conde erweckt sie aus einer Art Dornröschenschlaf und erkennt, dass sich in ihnen das Schicksal dieser Familie spiegelt und darin wiederum beispielhaft die jüngere Geschichte Kubas.

Die Bibliothek und ihre Bücher bergen eine tragische Geschichte mythologischen Ausmaßes in sich: Der Hang zu den Büchern, die die Geschichte Kubas erzählen, hat sich verhängnisvoll auf das Schicksal der Familienmitglieder ausgewirkt. Auch der jüngste Mord, der in der Bibliothek selbst stattgefunden hat, steht in diesem Zusammenhang. Er lässt sich einreihen in eine Familiengeschichte, die die Bibliothek und ihre Bücher allmählich preisgeben: eine Geschichte, geprägt von unbedingter Liebe und abgrundtiefem Hass, von Treue über den Tod hinaus, von falschen Versprechungen und schändlichem Verrat, von fatalen Missverständnissen und falsch verstandener Loyalität, von Leidenschaften, die bis zum Wahnsinn führen und von Schuld und Rache.

Für den ehemaligen Polizisten und jetzigen Buchantiquar Mario Conde ist diese Bibliothek ein magischer Ort, der »die Tür zur Wahrheit öffnen konnte«[14] und an dem sich alle Rätsel lösen ließen, vor die er sich gestellt sah. Wie immer bei tragischen Geschichten führt die Lösung der Rätsel allerdings am Ende zu Einsichten, zu denen man lieber nicht gelangt wäre. Mario Conde bleibt nur noch eins, um wenigstens ein kleines bisschen Glück zu ergattern: Er stiehlt sieben Bücher aus der Bibliothek, um seinen engsten Freunden (und sich selber) jeweils ein Geschenk zu machen.

6.

Bildung schützt vor Blutdurst nicht: Gelehrte Mörder lauern an der Universität

Ein Universitätscampus ist eine Welt für sich. Ob innerhalb einer Stadt gelegen oder draußen auf dem platten Land, das Leben auf einem Campus (lat. Feld, Ebene) besitzt seine eigenen Regeln und Rituale. Zuerst in Großbritannien und dann auch in den USA hat das dazu geführt, dass sich eine reiche Tradition der literarischen Darstellung solchen Campuslebens entwickelte: der Campus- oder Universitätsroman. Bekannte zeitgenössische Autoren dieser Gattung sind David Lodge, J. M. Coetzee, Philip Roth, Francine Prose oder A. S. Byatt.

Im deutschen Sprachraum sind Universitätsromane eher selten. In Martin Walsers *Brandung* (1985) reist ein deutscher Studienrat für ein Semester ins ferne Kalifornien, um dort das Campusleben kennenzulernen. Eine deutsche Universität wird erst zehn Jahre später zum Schauplatz eines Romans: in dem Bestseller mit dem bezeichnenden Titel *Der Campus* (1995), der bald auch verfilmt wurde. Autor dieses bekanntesten deutschen Campusromans ist der Anglist und Literaturwissenschaftler Dietrich Schwanitz. *Der Campus* ist kein Krimi, sondern eine satirische Abrechnung mit der deutschen Hochschullandschaft und ihren akademischen und politischen Seilschaften.

Wird nun der Campusroman mit dem Kriminalroman gekreuzt, dann ergeben sich Konstellationen, die andere Bedeutungen des lateinischen Wortes *campus* heraufbeschwören als der neutrale Begriff »Feld«. Es kann dann auch Vorstellungen wie »Ackerland«, »Saatfeld« (welche Saat geht da auf, etwa die Saat des Bösen?) oder gar »Schlachtfeld« wecken.

Wie beträchtlich die Anzahl von Kriminalromanen im universitären Milieu ist, lässt sich einer Bibliographie zum Thema *College Mystery Novels*[1], also College-Krimis, mit einem Blick entnehmen. Dort werden nicht weniger als 632 Titel verzeichnet – und das bei einer Übersicht, die nur bis ins Jahr 1983, dem Erscheinungsjahr des Bandes, reicht. Obwohl die Opfer in diesen Krimis nicht immer Hochschullehrer sind, kann man trotzdem davon ausgehen, dass ganze Horden von Akademikern in diesen Kriminalromanen hingeschlachtet werden.

Dass viele Autoren und Autorinnen von College-Krimis vor ihrer schriftstellerischen Karriere selbst Lehrende an Universitäten waren, darauf wurde bereits in Kapitel 2 hingewiesen. Über die Motive dieser Professoren, Universitätskrimis zu schreiben, lässt sich auch an dieser Stelle nur spekulieren. Aber es drängt sich der Verdacht auf, dass für die Wahl der Gattung Krimi im universitären Umfeld nicht nur die gute Kenntnis dieses Milieus ausschlaggebend ist. Vielleicht verrät die Hinwendung zum Kriminalroman auch etwas über das Selbstverständnis der akademischen Zunft und etwas darüber, was deren Mitglieder von ihren Kollegen und Kolleginnen halten? Ist etwa der Konkurrenzkampf unter Akademikern so hart, dass man – wenn schon nicht in der

Wirklichkeit, dann wenigstens im Roman – viele der Mitbewerber um Ansehen, Ruhm, Forschungsgelder und Ämter aus dem Weg räumen möchte? Könnte es sein, dass im massenhaften fiktiven Mord an Hochschullehrern sich ein Berufsethos manifestiert, das nur die Besten überleben lassen will? Oder will man selbstironisch zum Ausdruck bringen, dass die Welt auch ganz gut mit weniger Akademikern auskommen könnte?

In einem klassisch gewordenen Text über die typischen Merkmale des Detektivromans stellt der amerikanische Schriftsteller W. H. Auden (1907–1973) fest, dass es zwischen dem Mord und dem Ort, an dem er begangen wurde, einen markanten Widerspruch geben muss. Erst dadurch ereigne sich, wie wir bereits gesehen haben, mit dem Mord auch jenes Hereinbrechen von Sünde und Chaos in die Welt, das ihn so interessant macht. Zwei dafür besonders prädestinierte Orte seien das abgelegene Landhaus und die Universität.

An einer Universität, deren Bezeichnung auf das lateinische *universitas magistrorum et scholarium,* also die Gesamtheit oder Gemeinschaft der Lehrenden und Lernenden, zurückgeht, versammeln sich nach Auden Menschen, die den normalen, nur allzu menschlichen Leidenschaften fern stehen und sich auf die Suche nach Wahrheit und Erkenntnis konzentrieren. Gerade in einem derartigen sozialen Umfeld dürfte ein Mord eigentlich nicht geschehen. Passiert das dennoch, dann werde der Mörder als ein Angehöriger dieser Gemeinschaft nicht nur als schlechter Mensch, sondern auch als »schlechter Wissenschaftler«[2] entlarvt. Der Mord auf dem Campus erscheint Auden insofern als eine Art Selbstreinigung der *universitas.*

Diese eher idealistische Interpretation des Universitätskrimis erscheint im Vergleich mit neueren Beispielen dieser Gattung als geradezu antiquiert. Doch ist das – nach den Vorbildern Oxford und Cambridge – imaginierte College aus vielen anderen Gründen durchaus ein idealer Schauplatz für ein Verbrechen: Hier handelt es sich um einen abgeschlossenen Bereich mit einer überschaubaren Gruppe von Verdächtigen; jeder hat schon einmal etwas von diesen beiden Städten und ihrem akademischen Leben gehört oder war sogar schon als Tourist dort. Und die universitäre Gemeinschaft der *dons,* der Hochschullehrer und Forscher, ist ein geradezu mythischer Bereich und für Außenstehende zugleich unzugänglich und Gegenstand der Neugierde.[3] Kurz: »Oxbridge«, wie man die aus beiden Universitäten kombinierte Vorstellungswelt nennt, ist eine ideale Projektionsfläche für elitär-abgehobenes Selbstverständnis und für exzentrisch-abwegiges Verhalten, das bis zum Mord reicht.

Die bekanntesten Campus-Krimis aus den dreißiger und vierziger Jahren sind Dorothy Sayers' *Gaudy Night* (1935; *Aufruhr in Oxford*), die Romane von Edmund Crispin mit dem Oxford-Professor Gervase Fen als Detektiv sowie einige der Krimis von Nicholas Blake (eigtl. Cecil Day-Lewis) und Michael Innes mit Sir John Appleby von Scotland Yard. In neuerer Zeit haben P. D. James, Charlotte MacLeod, Colin Dexter und Elizabeth George Krimis geschrieben, die Oxford oder Cambridge zum Schauplatz haben.[4] In Deutschland trat 1994 eine junge Autorin, die sich Thea Dorn nennt[5], mit dem Erstlingsroman *Berliner Aufklärung* hervor, der als satirischer Campus-Krimi am philosophischen Seminar einer großen Berliner Fakultät angesiedelt ist, zugleich aber auch die Figuren des Romans und mit ihnen die Leser in die Halbwelten Berlins führt.

Nicht in allen Campus-Krimis geht es um Bücher oder Manuskripte. Aber wenn sie im mörderischen Mittelpunkt stehen, werden auch Gelehrte zu Tätern. Eine schöne Illustration dessen, wozu Menschen fähig sind, die sich der Suche nach Wahrheit und Erkenntnis verschrieben haben, bietet Robert Robinsons *Landscape with Dead Dons* (1956).[6]

Ein Oxford-Professor ›entdeckt‹ ein bisher unbekanntes Manuskript von Geoffrey Chaucer, dem größten englischen Dichter des Mittelalters, und wird dafür gebührend bewundert, sogar in Tageszeitungen und im Fernsehen wird der Fund gefeiert. Auf einen Schlag hat er nicht nur sein Ansehen, das durch langjährige Unproduktivität und Faulheit schon erheblich gelitten hatte, unter den Kollegen wiederhergestellt. Er ist überdies ein Star geworden, die Entdeckung hat endlich seine Eitelkeit befriedigt, die so lange unerfüllt geblieben war.

Allerdings handelt es sich bei der sensationellen Entdeckung nicht um ein authentisches Chaucer-Manuskript, sondern um eine Fälschung, die der Professor selbst angefertigt hat (was von seinen Kollegen noch nachträglich als außergewöhnliche Leistung anerkannt wird). Als zwei seiner Mitprofessoren hinter sein Geheimnis kommen, bringt er sie um, um zu verhindern, dass sein eben erworbener Ruhm ins Gegenteil umschlägt und er als Fälscher und Scharlatan entlarvt wird.

Unter Literaturprofessoren ist es eine Form der höchsten Auszeichnung, ein altes Manuskript nicht nur zu entdecken (das gelingt mit etwas Glück auch einem Banausen), sondern einen Kommentar dazu zu schreiben, der anschließend den wissenschaftlichen Standard im betreffenden Forschungsfeld etabliert.

Wenn man diesen Gedanken bis zu seinem zynischen oder mörderischen Endpunkt denkt, dann ergibt sich daraus: Wer wäre dazu besser geeignet, einen solchen definitiven Werkkommentar zu schreiben als derjenige, der das betreffende Manuskript auch selbst verfasst hat? Als geheimer Autor weiß er nicht nur mehr als jeder andere mögliche Kommentator, er weiß schlichtweg *alles* über den Text.

Der Autor Robert Robinson war zwar kein Professor, aber er hatte in Oxford studiert und kannte deshalb die Atmosphäre dieser Universität aus eigener Anschauung. Zum Thema seines Romans macht er ein Problem, das wohl so manchem Gelehrten nicht ganz unbekannt ist: die Angst davor, als Forscher unproduktiv zu werden, keine neuen brillanten Ideen und Einfälle mehr zu haben oder einfach nicht mehr die Energie aufbringen zu können, sich auf ein langwieriges und mühsames Projekt einzulassen. Gerade wenn man in noch jungen Jahren an eine Vorzeigeuniversität wie Oxford berufen wurde und dann nach vielversprechenden Anfängen den hohen Erwartungen nicht mehr gerecht wird, kann das zu aufgestauten Frustrationen, latenten Aggressionen und einem überwältigenden Bedürfnis nach Anerkennung führen. Diese Ängste, feindseligen Gefühle und geheimen Wünsche plagen auch den Mörder in *Landscape with Dead Dons*, und der Autor hat sie umgesetzt in mörderische Impulse, durch die die Professorenschaft einer Universität dezimiert wird.

Die Kriminalgeschichte ist in einem leichten Ton geschrieben. Sie erinnert zum einen daran, dass Akademiker auch nur Menschen sind, und zeigt zum anderen, dass man im akademischen Milieu – neben Mördern – oft skurrilen, dabei aber meist harmlosen Menschen begegnet, die in der Tat nach Wahrheit und Erkenntnis streben. *Landscape with Dead Dons* ist nicht nur ein typischer Oxbridge-Krimi, sondern auch eine humorvolle Satire auf die akademische Welt.

Am Ende hastet eine ganze Horde von beim Baden *au naturel* gestörten Professoren nackt hinter dem Manuskriptfälscher und Mörder her. Dieser amüsante Blick auf die exzentrische Welt der Akademiker ist ein würdiger Abschluss für eine Geschichte, in der zwar Eitelkeit und der Wunsch nach Anerkennung das treibende Element für zwei Morde sind, die aber doch nicht ausschließlich böse Blüten treibt. In neueren Campus-Krimis geht es meist weniger humoristisch zu.

Die Kriminalgeschichten von Veronica Stallwood spielen in Oxford. Ihre Amateurdetektivin Kate Ivory ist Schriftstellerin und schreibt historische Liebesromane. Früher hat sie an der Bodleian Bibliothek gearbeitet und Bücher katalogisiert. In *Letzte Ausfahrt Oxford* (2005)[7] wird sie deshalb gebeten, einer Reihe von Bücherdiebstählen an den verschiedenen Bibliotheken der Universität, die in einem Bibliotheksverbund zusammengefasst sind, nachzugehen.

Dabei stößt sie auf den Fall der in Oxford ausgebildeten Bibliothekarin Jenna Coates, die neben der Autobahnausfahrt Oxford ermordet aufgefunden wurde. Zwar hatte die Polizei ermittelt, aber da es so gut wie keine Spuren und Anhaltspunkte gab, war der Fall zu den Akten gelegt worden und das tragische Schicksal der jungen Jenna in Vergessenheit geraten.

Kate Ivorys Nachname mag ironisch auf das Leben in dem sprichwörtlichen *ivory tower*, dem Elfenbeinturm des Gelehrtendaseins abseits der wirklichen Welt, verweisen. Aber wie in jedem ihrer Fälle muss sie sich hier mit ganz konkreten und darüber hinaus mörderischen Verwicklungen des Oxforder Universitätslebens auseinandersetzen.

Sie führt ihre Ermittlungen zu der Zeit, als in den über hundert Bibliotheken der Universität Oxford ein Modernisierungsschub stattfindet: In allen von ihnen – angefangen von der berühmten Bodleian Library über die Bibliotheken der einzelnen Colleges bis zu kleinen Spezialbibliotheken – soll die Nutzung der Kataloge durch Digitalisierung vereinfacht und beschleunigt werden. Das heißt, man überträgt die Informationen aus den alten Zettelkästen in elektronische Formate, um diese dann per Computer den Benutzern zugänglich zu machen.

Was für uns heute selbstverständlich ist, nämlich Informationen über ein Bibliotheksbuch am Bildschirm abzurufen, wird im altehrwürdigen Oxford, also in der Zeit der Romanhandlung, gerade erst eingeführt. Wie sich herausstellt, bietet diese Katalogumstellung Bücherdieben ganz neue Möglichkeiten und erzeugt damit ganz neue Gefahren, die bis zum Mord reichen.

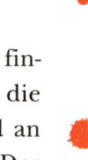

Im Laufe ihrer Ermittlungen findet Kate nämlich heraus, dass die Bücherdiebstähle und der Mord an Jenna Coates zusammenhängen. Der Täter arbeitet als Computerspezialist der Bibliothek und hat so Zugang zu den Programmen, mit denen Bücher katalogisiert werden. Mit Unterstützung zweier Bibliothekare manipuliert er bei der digitalen Umstellung der Kataloge die Bestandsinformationen der einzelnen Büchereien des Oxforder Bibliotheksverbunds und lässt Bücher, die er entwenden und verkaufen will, einfach aus den Katalogen verschwinden. Jenna Coates war auf diese Manipulationen aufmerksam geworden. Da sie drohte, ihn zu entlarven, hatte er sie ermordet.

Kates Ermittlungen ergeben außerdem, dass es sich bei dem Mörder nicht nur um einen einfachen Bücherdieb handelt. Er hat nicht nur einzelne wertvolle Exemplare gestohlen, sondern er ist Mitglied eines internationalen Verbrecherrings, der sich auf die Beschaffung und den Verkauf seltener Bücher spezialisiert hat. Aufgedeckt wird hier also ein international organisierter Bücherdiebstahl in großem Stil, der auf Bestellung arbeitet und seine ›Waren‹ über die Grenzen einzelner Länder und sogar Kontinente hinweg beschafft und liefert. Gezeigt wird, dass dieser Verbrecherring Teil des globalisierten Verbrechens ist und auch vor Mord nicht zurückschreckt. Insofern arbeitet er ähnlich wie andere Gruppierungen der organisierten Kriminalität, die sich etwa auf Geldwäsche, Terrorismus oder Steuerhinterziehung spezialisiert haben.

Kennzeichen dieses Krimis aus der universitären Bücherwelt ist der systematische Wechsel der Erzählperspektive: Erzählt wird jeweils abwechselnd aus der Sicht des Mörders und aus der Sicht der Ermittlerin. Das ist ein gutes

Beispiel für den heute gebräuchlichen und seit den achtziger Jahren populär gewordenen Typ des Kriminalromans, der die Perspektiven des Täters und der Ermittler kombiniert. Während die Ermittler (oft ein Polizist oder eine Gruppe von Polizisten) dem Mörder auf die Spur kommen, läuft parallel dazu ein zweiter Handlungs- oder Erzählstrang aus der Täterperspektive ab.

In *Letzte Ausfahrt Oxford* wird diese Erzählstruktur zur weiteren Erhöhung der Spannung eingesetzt: Je mehr die Detektivin über den Mord herausfindet, desto stärker nähern sich die beiden Handlungsstränge einander an und desto deutlicher wird also auch dem Täter, dass man ihm auf der Spur ist. Die für ihn daraus erwachsende Gefahr kann er nur abwehren, indem er versucht, die Detektivin zu beseitigen, was auf einen abschließenden Showdown zwischen den beiden hinausläuft.

Einen ähnlichen internationalen Hintergrund wie Veronica Stallwood in *Letzte Ausfahrt Oxford* leuchtet Donna Leon bei der Aufklärung ihres dreiundzwanzigsten Falls durch Commissario Brunetti aus. Bei *Tod zwischen den Zeilen* (2015)[8] handelt es sich zwar nicht um einen Campus-Krimi und es geht auch nicht um Mord in einer Bibliothek. Aber mysteriöse Vorfälle in einer berühmten Bibliothek Venedigs, die im Roman Merula heißt und hinter der sich die Bibliotheca Nazionale Marciana verbirgt, stehen im Mittelpunkt. Hier wurden wertvolle Bücher gestohlen und aus einigen Bänden Illustrationen, Landkarten oder Zeichnungen herausgeschnitten. Brunetti muss also nicht nur einen Fall von Bücherdiebstahl, sondern auch von Bücherverstümmelung aufklären.

Die Bibliothekare der Merula beklagen einen geradezu explosiven Anstieg von Buchdiebstählen und eine neue Form des Büchervandalismus in der jüngsten Gegenwart.

Zum Opfer eines Mordes wird ein Bücherdieb, Verführer, Erpresser, Betrüger und ehemaliger Priester.[9] Brunetti stößt bei seinen Ermittlungen schließlich auf eine internationale Organisation, die mit wertvollen Büchern und einzelnen Seiten aus solchen Büchern handelt. Die Bibliotheken sind den Machenschaften dieser systematisch vorgehenden Bücherdiebe und Bücherverstümmler hilflos ausgesetzt.

Einer der wenigen deutschen Campusromane ist Klaus Modicks 2008 erschienenes Buch *Die Schatten der Ideen*. Er ist insofern ein Campus-Krimi der etwas anderen Art, als der Mord politische Hintergründe hat. Die Handlung spielt teils in der Gegenwart und teils während des Zweiten Weltkriegs sowie in der Zeit danach. Ähnlich wie in Martin Walsers *Brandung* macht sich jemand auf, um ein Semester in den USA als Gastdozent zu verbringen. Allerdings ist es in Modicks Roman ein an einer Schreibblockade leidender Schriftsteller, der eingeladen wird, an einem kleinen College in Vermont Seminare über Kreatives Schreiben und zum Thema Übersetzen abzuhalten.[10]

Als Moritz Carlsen am College ankommt, schreibt man das Jahr 2003, die USA befinden sich im Krieg mit Sadam Husseins Irak. Im Gastland ist das politische Klima gereizt. Man erwartet patriotische Gesinnung, und obwohl sich abzeichnet, dass die Gründe für den Kriegseintritt nicht stichhaltig sind, sind kritische Stimmen zum Krieg unerwünscht. Moritz Carlsen muss sich in einer fremden Umgebung zurechtfinden, in der Toleranz gegenüber Andersdenkenden gerade außer Kurs geraten ist.

Zu einer Kriminalgeschichte entwickelt sich dieser Campusroman, als der Protagonist im Keller des Hauses, das man ihm für die Dauer seines Aufent-

haltes zur Verfügung gestellt hat, durch Zufall auf ein versticktes Manuskript stößt, das ihn mehr und mehr in seinen Bann zieht. Es handelt sich um die Aufzeichnungen eines Julius Steinberg, der als Sohn deutsch-jüdischer Eltern gerade an der Universität Hamburg als Historiker promoviert hatte, als die Nazis an die Macht kamen.

Dieses Manuskript und die beiliegenden Briefe und Dokumente erweisen sich als schicksalhaft für Carlsen und als handlungsführend für den Roman. Durch sie erfährt er etwas über einen Verschollenen und Vergessenen, von dessen Existenz offenbar jede Spur getilgt wurde. Je mehr der Schriftsteller sich in das Manuskript vertieft, desto stärker berührt ihn das Schicksal von Julius Steinberg. Als er versucht, weitere Informationen über dessen Leben zu erhalten, stößt er überall auf Hindernisse. Eine normale Recherche ist nicht möglich. Carlsen ist deshalb gezwungen, die Methoden eines Detektivs anzuwenden, um Licht in die rätselhaften Umstände zu bringen, unter denen Julius Steinberg nach seiner Emigration in die USA verschwunden ist. Was er dabei herausfindet, bringt auch ihn selber in Gefahr.

Aus den Unterlagen kann Carlsen die wesentlichen Stationen in Steinbergs Biographie rekonstruieren: Er kam in die USA, weil man ihm eine Stelle als Historiker an einem College angeboten hatte. Als sich diese Aussicht zerschlug,

verdiente er seinen Lebensunterhalt mit Gelegenheitsarbeiten und lernte dabei einen kritischen Gewerkschafter kennen, der wenig später unter äußerst undurchsichtigen Umständen ermordet wurde; möglicherweise hatte bei seinem Tod die Polizei oder gar das FBI die Hände im Spiel.

Nachdem Steinberg eine Zeit lang als Holzfäller in Vermont gearbeitet hatte, gelang es ihm, als Historiker am Centerville College angestellt zu werden. Dort hielt er zur Zeit der McCarthy-Ära ein Seminar über den Renaissance-Philosophen Giordano Bruno, der als kritischer Geist von der Inquisition zum Tode verurteilt und verbrannt worden war. Daraufhin verdächtigte man Steinberg, mit Kommunisten in Kontakt zu stehen, und zitierte ihn vor den Ausschuss für unamerikanische Tätigkeiten in Washington[11]. Als er sich weigerte, Namen von Kommunisten oder Anarchisten preiszugeben, wurde er zu einer Gefängnisstrafe verurteilt. Nach seiner Freilassung erreichte Steinberg ein Ruf an die Universität Bern. Aber kurz vor der Abreise nach Europa kamen er und seine Frau bei einem mysteriösen Autounfall ums Leben.

Für Carlsen stellt sich nun die Frage: War es tatsächlich ein Autounfall? Unmittelbar nach dem Vorfall gab es Gerüchte, dass nicht alles mit rechten Dingen zugegangen sei. Dem lokalen Sheriff wurde die Untersuchung entzogen, das FBI übernahm den Fall, dann hörte man nichts mehr davon. Als fünfzig Jahre später Moritz Carlsen auf Steinbergs Spuren trifft, ergeht es ihm nicht viel besser. Bei seinen Nachforschungen verdichten sich jedoch die Anzeichen dafür, dass am Auto der Steinbergs manipuliert worden war. Es war also Mord.

Wie in einem historischen Krimi, in dem ein Ermittler in der Gegenwart ein Verbrechen aufklärt, das sich in der Vergangenheit ereignet hat[12], findet Carlsen nach und nach

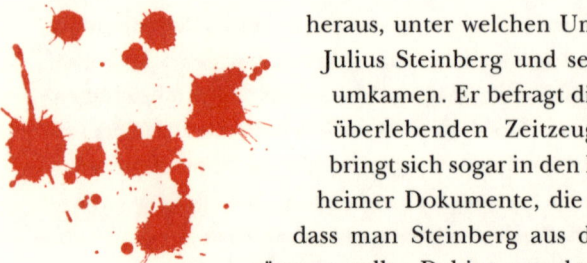

heraus, unter welchen Umständen Julius Steinberg und seine Frau umkamen. Er befragt die letzten überlebenden Zeitzeugen und bringt sich sogar in den Besitz geheimer Dokumente, die belegen, dass man Steinberg aus dem Weg räumen wollte. Dahinter steckte ein junger Kollege von Steinberg, der als Kommunistenhasser, kalter Krieger und Anhänger des Senators McCarthy bekannt war und sich außerdem noch bei einer Beförderung übergangen fühlte.

Nach dem Tod von Steinberg wurden dessen Bücher und wissenschaftliche Artikel aus den Bibliotheken entfernt, sodass nichts mehr an ihn erinnerte. Nur durch Carlsen und seinen Dokumentenfund kommt die Geschichte wieder an den Tag. Allerdings gerät nun auch der Schriftsteller selbst ins Visier des FBI. Bevor er die Aufzeichnungen Steinbergs in einem eigenen Roman verwenden und damit seine Schreibblockade überwinden kann, wird er von einem seiner Professorenkollegen, der für das FBI arbeitet, dazu gezwungen, das Material herauszugeben. Er muss sich verpflichten, über die ganze Angelegenheit Stillschweigen zu bewahren.

Die Schatten der Ideen ist ein echter Professoren-Krimi, mit einem Professor als Opfer und einem Professor als Täter. Ein Schriftsteller und Gastprofessor wird zum Ermittler, der in die Tiefen der Vergangenheit hinabtaucht, um einen politischen Mord aufzuklären, der dann aber von einem weiteren Professor, der für den Geheimdienst arbeitet, daran gehindert wird, das alte Unrecht publik zu machen. Manuskripte, Aufzeichnungen, esoterische Schriften, Bücher und andere Publikationen stehen im Brennpunkt des Geschehens. Sie werden aus Bibliotheken entfernt, versteckt, wiederentdeckt, zur Inspirationsquelle erhoben, vom Geheimdienst aufgespürt und unter Verschluss gebracht. Der Mord an Steinberg war wohl zum großen Teil politisch motiviert, geschah aber auch aus Wut und Frustration des Professors darüber, einem besseren und begabteren Konkurrenten unterlegen zu sein.

Modicks Roman hat alles, was einen Büchermord auf dem Campus spannend macht: ein verstecktes Manuskript, das noch nach einem halben Jahrhundert von enormer politischer Sprengkraft ist, einen Mord im akademischen Milieu, die Machenschaften eines Geheimdienstes und einen Ermittler, der in der Welt der Bücher lebt und feststellen muss, dass deren Welt erschreckend real sein kann.

7.
POSTMODERNE BÜCHERKRIMIS:
WENN FIKTION UND
REALITÄT VERSCHMELZEN

Warum sind Kriminalgeschichten so beliebt? Eine der von Literaturwissenschaftlern und Psychologen angebotenen Antworten ist, dass wir uns beim Lesen von Detektiv- und Kriminalromanen bestimmten Arten von Lustgefühlen hingeben können, die andere literarische Gattungen nicht in derselben konzentrierten Form gewähren.

Dazu gehört die Lust am intellektuellen Wettbewerb mit dem Detektiv, wenn wir versuchen, gemeinsam mit ihm die Lösung zu finden. Zu nennen sind aber auch die Lust am Verbrechen, also die Lust an der Übertretung der Regeln, die uns die Identifikation mit dem Täter erlaubt, sowie – analog dazu – die Lust an der Jagd auf den Verbrecher und an seiner Bestrafung.[1] Der Mörder nimmt gleichsam stellvertretend für uns die Strafe auf sich für etwas, das wir alle, zumindest in manchen Momenten, gerne tun würden. Seine Bestrafung verschafft uns die lustvolle Bestätigung, dass wir nicht umsonst auf das Ausagieren unserer Triebe verzichtet haben.

Es gibt aber noch ein weiteres Lustgefühl, das uns Kriminalromane verschaffen, nämlich die Möglichkeit, spannende und gefährliche Ereignisse miterleben zu können, ohne die Sicherheit unseres Lehnstuhls (oder wo immer wir uns zum Lesen niedergelassen haben) verlassen zu müssen. Wir können uns in die Figuren hineinversetzen, an ihren Abenteuern und manchmal lebensgefährlichen Aktionen teilnehmen, uns mit ihnen identifizieren, ohne jemals selbst in Gefahr zu geraten. Wir können uns tödlichen Gefahren aussetzen und dies trotzdem als lustvoll erfahren. Man hat diesen Sachverhalt »das Lustgefühl einer beruhigenden Sicherheit«[2] genannt. Es stellt sich immer dann ein, wenn einem anderen Menschen etwas Schreckliches geschehen ist, wir uns aber in dem sicheren Gefühl wiegen können, selber noch einmal davongekommen zu sein.

Die Lektüre von Kriminalromanen verschafft uns dieses angenehme Gefühl in besonders starkem Maße, weil wir ja von vornherein wissen, dass hier tödliche Gefahren lauern. Die Rede ist hier von dem, was man Angstlust oder *thrill* (Michael Balint) nennt. Diese Lust an der Angst kann dann entstehen, wenn man sich einer großen Gefahr zwar bewusst ist, gleichzeitig jedoch davon ausgehen kann, dass diese Gefahr vorübergehen wird, ohne einen selbst wirklich zu bedrohen. Genau dies aber ereignet sich bei der Lektüre von Krimis: Die Gefahr ist real, aber nur für die Figuren des Buches, nicht für uns als Leser. Die Grenze zwischen Buch und Leser erlaubt es, die Angstlust auszuschöpfen bzw. den *thrill* des Thrillers, den wir gerade lesen, zu genießen. Die Lust am Schrecken, an der Gefahr, der andere (fiktive) Figuren ausgesetzt sind, ist ein wesentliches Element der Beliebtheit von Kriminalromanen.

Das Gefühl der Sicherheit und der Genuss der Angstlust werden also garantiert durch die Grenze zwischen Fiktion und Wirklichkeit. Was aber passiert, wenn diese Grenze plötzlich nicht mehr gewiss ist, wenn sie durchlässig zu werden scheint, wenn die sichere Distanz nicht mehr gegeben ist? Was passiert, wenn jemand nicht mehr weiß, ob er ein eigenes, selbstbestimmtes Leben führt oder lediglich eine Romanfigur in einem Buch ist und bis in die kleinsten Einzelheiten seiner Existenz von der Willkür eines anderen, eines Autors, abhängt?

In dem Roman *Der Club Dumas* (2005)[3] des spanischen Bestsellerautors Arturo Pérez-Reverte hat der Protagonist Lucas Corso ein solches Erlebnis. Corso ist ein Bücherjäger und Buchdetektiv, der im Auftrag von wohlsituierten Klienten seltene und wertvolle Bücher und Wiegendrucke (Inkunabeln) ausfindig macht und versucht, sie für seine Auftraggeber zu erwerben. Die Methoden, derer er sich dabei bedient, sind nicht immer ganz legal, und er hat keine moralischen Skrupel, wenn es darum geht, jemandem einen Prachtband abzuluchsen, um den Auftrag eines reichen Kunden zu erfüllen.

Eines Tages bekommt er ein handschriftliches Kapitel aus Alexandre Dumas' *Die drei Musketiere* (1844) in die Hand, dessen Eigentümer sich gerade selbst das Leben genommen hat oder vielleicht auch einem Mord zum Opfer fiel, der anschließend nur als Selbstmord getarnt wurde. In diesem Moment beginnt eine auf den ersten Blick verwir-

rende und immer unheimlicher werdende Abenteuer- und Kriminalgeschichte.

Corso trifft nämlich auf Gegenspieler und Helfer, die anscheinend anderen Büchern entstiegen sind, um entweder gegen ihn zu arbeiten oder ihn zu unterstützen. Die Witwe des Toten, eine sehr attraktive und gefährliche Frau, deren Reizen er beinahe erliegt, ist eine Reinkarnation von Milady de Winter, der gewissenlosen und totbringenden Antagonistin d'Artagnons in *Die drei Musketiere*. Ein geheimnisvoller Verfolger mit einer Narbe im Gesicht scheint Comte de Rochefort aus Dumas' Roman zu sein, und Corso selber kommt sich immer mehr wie d'Artagnon vor. Geholfen wird ihm bei seinen Abenteuern von einer rätselhaften jungen Frau, die sich Irene Adler nennt und der Sherlock-Holmes-Geschichte *Ein Skandal in Böhmen* (*A Scandal in Bohemia*, 1887) entsprungen zu sein scheint. Bei Conan Doyle erweist sich Irene Adler als dem Meisterdetektiv überlegen. Er selbst nennt sie durchgängig nur »*die* Frau«.

Als Corso dann von einem reichen Buchsammler den Auftrag bekommt, auf die Suche nach zwei Exemplaren eines Werkes aus dem 17. Jahrhundert zu gehen, mit dem man den Teufel beschwören kann, nimmt das Geschehen noch unheimlichere Züge an. Die Besitzer der beiden Exemplare von *Die neun Pforten ins Reich der Schatten* werden ermordet, und Corso weiß nicht mehr, ob er sich in der Wirklichkeit oder innerhalb der Literatur befindet. Sein Leben scheint einer Handlung zu folgen, die man aus Büchern oder Filmen kennt, besonders solchen der Gattungen Abenteuerroman und Krimi. Er gleicht allmählich stärker der Romanfigur d'Artagnon als einem wirklichen Menschen, und es scheint ihm, als ob er sein Leben nicht selbst bestimme, sondern einem Skript folgen müsse, das ein anderer geschrieben hat.

Die moderne Erzähltheorie nennt eine solche Vermischung der Wirklichkeitsebenen im Anschluss an die antike Rhetorik »Metalepse« und meint damit eben jenes Durchlässigwerden der Grenze zwischen Fiktion und außerliterarischer Wirklichkeit. Viel gelesene Beispiele dafür sind Michael Endes *Die unendliche Geschichte* (1979) und Jostein Gaarders *Sofies Welt* (1993)[4]. Beide Romane wurden eigentlich für ein jugendliches Lesepublikum geschrieben, haben aber auch unter Erwachsenen eine breite Gefolgschaft gefunden – vielleicht auch deshalb, weil der Wechsel zwischen den Ebenen der erzählten Welt des Romans und der wirklichen Welt der Leser, also die Metalepse, diese Texte auch für ältere Leser und Leserinnen interessant macht.

Der französische Erzähltheoretiker Gérard Genette hat weitere Beispiele für Metalepsen in der Literatur angeführt, die er zunächst einfach nur »mal komisch [...], mal phantastisch«[5] nennt, so etwa bei Vergil, Diderot, Balzac, Proust und anderen. Bei dem argentinischen Schriftsteller Jorge Luis Borges identifiziert Genette aber auch das beunruhigende Potential der Metalepse: Wenn die Übergänge zwischen erzählender Literatur und außertextlicher Wirklichkeit fließend werden, dann können wir, die Leser, »Sie und ich«[6], nicht mehr sicher sein, dass nicht auch wir selber nur Teil einer Erzählung sind. Das ist eine tief verunsichernde Erfahrung, und genau sie macht Lucas Corso in *Der Club Dumas*.

In Pérez-Revertes Roman wird die existentielle Verunsicherung am Ende allerdings wieder aufgehoben. Es stellt sich heraus, dass die ganze Handlung um das Manuskript aus *Die drei Musketiere* nur eine Art literarisches Spiel war, mit dem die Mitglieder des »Club Dumas«, eine Vereinigung von Liebhabern des Abenteuerromans aus dem 19. Jahr-

hundert, einen Skandal um die Autor-
schaft des bekanntesten Romans von
Alexandre Dumas verhindern wollten.

Wie sehr der spielerische Umgang
mit Literatur hier im Vordergrund
steht, sieht man daran, dass zu den Mit-
gliedern des Clubs auch »ein Professor
der Semiotik aus Bologna« gehört. Damit ist natürlich Umberto Eco, der Verfasser von *Der Name der Rose* gemeint, auf
dessen Roman wiederholt in *Der Club
Dumas* angespielt wird. So wird Corso
einmal von »Milady« spöttisch »Bruder
William Baskerville« genannt. Die Bü-
cherkette, die hier eröffnet wird, reicht
von Arthur Conan Doyles Sherlock-Hol-
mes-Roman *Der Hund der Baskervilles* (engl. Original 1901)
über Ecos *Der Name der Rose* (mit der Detektivfigur William
von Baskerville) bis zu Pérez-Revertes eigenem Roman.

Durch die metaleptische Verschränkung von Literatur
und Wirklichkeit und den spielerischen Umgang mit der
literarischen Tradition erweist sich *Der Club Dumas* als ein
postmoderner Roman. Das ist zwar noch keine erschöpfen-
de Definition der Postmoderne, aber die Verunsicherung
der Hauptfigur hinsichtlich der Frage, ob sie wirklich existiert, und außerdem das Hauptthema, um das alles kreist,
nämlich das Schicksal von Büchern, machen *Der Club Dumas*
zu einem typischen Vertreter des postmodernen Romans.
Dazu kommt, dass alle beteiligten Personen mit Büchern zu
tun haben: als Liebhaber, Sammler, Bibliophile, Bücherjäger, Buchhändler, Verleger, Antiquare oder fanatische
Leser. *Der Club Dumas* ist ein Buch über Bücher, und dieser
Selbstbezug oder diese Selbstreferentialität, wie man es

auch nennt, ist vielleicht das wichtigste Kennzeichen der Postmoderne.

Postmodern und selbstreferentiell an *Der Club Dumas* ist auch, dass der Roman eigentlich zwei Bücher in sich vereint: einen Abenteuerroman und einen Kriminalroman. Denn die Morde, die an den Besitzern der beiden Exemplare von *Neun Pforten ins Reich der Schatten* begangen werden, haben mit der Abenteuergeschichte um das Dumas-Manuskript nichts zu tun.

In der Kriminalgeschichte steht ein Buch im Vordergrund, das als okkultes Instrument bzw. als Mittel zur Teufelsbeschwörung dienen kann. Um dieses Buches willen wird gemordet, was Lucas Corso als Ermittlerfigur aber erst viel zu spät erkennt. Auch bei diesem Buch handelt es sich um ein Werk, das in Wahrheit aus mehreren Büchern besteht. Denn um den Teufel beschwören zu können, muss man alle drei noch vorhandenen Exemplare der *Neun Pforten,* die der im Jahr 1666 auf dem Scheiterhaufen der Inquisition verbrannte Buchdrucker Aristide Torchia in Venedig hergestellt hatte, miteinander vergleichen. Aus den Unterschieden zwischen den neun Illustrationen des Buches lässt sich dann ein Code herausfiltern, der die Beschwörungsformel enthält. Wer alle drei überlieferten

Exemplare an sich bringt und die Formel findet, der kann den Teufel in seinen Dienst zwingen und dem winkt die absolute Macht auf Erden.

Das okkulte Buch erscheint hier als das ultimative Mordmotiv innerhalb einer Tradition, die das Motiv der Teufelsbeschwörung auch aus anderen Büchern kennt. Man braucht nur an die Geschichte von Faust zu denken, die Autoren wie Christopher Marlowe, Johann Wolfgang von Goethe oder Thomas Mann in berühmten Texten literarisch verewigt haben.[7] An diese Tradition knüpft Pérez-Reverte allerdings nicht an, sondern geht einen anderen Weg: Bei der Zeichnung Irene Adlers, deren Namen er bei Conan Doyle entlehnt, greift er zurück auf die im Jahr 1772 erschienene Erzählung *Le Diable amoureux (Der verliebte Teufel)* des Franzosen Jacques Cazotte. Hier tritt der Teufel in Gestalt einer jungen und schönen Frau auf, die sich in einen jungen Adligen verliebt und ihm zu Diensten ist. In *Der Club Dumas* gerät Lucas Corso in den zweifelhaften Genuss solcher teuflischen Liebe.

Die Bezugnahme auf eine Fülle von anderen Büchern oder Texten ist ein weiteres Merkmal des postmodernen Romans. Literaturwissenschaftler sprechen, wenn ein solches Anspielen auf bestimmte andere literarische Texte oder Gattungen vorliegt, von der Intertextualität eines Werkes. *Der Club Dumas* ist ein Buch über Bücher auch in diesem Sinne: ein Buch, das sich spielerisch in die Tradition des Abenteuerromans und der Kriminalerzählung einreiht, mit Versatzstücken aus anderen Büchern arbeitet und in der Kombination von bekannten Namen, Motiven und Handlungsmustern etwas Neues schafft.

Auch die oft anzutreffende (selbst-)ironische Komponente der postmodernen Intertextualität fehlt hier nicht: Dass ein Detektiv oder jemand, der sich dafür hält, eine falsche Lösung für ein kriminalistisches Rätsel anbietet, ist natürlich nicht neu. Man denke nur an den guten Dr. Watson in den Sherlock-Holmes-Geschichten, dem solches regelmäßig unterläuft. Dass aber die Hauptfigur in einem Kriminalroman die aus Büchern imaginierten Indizien für wahr hält, eine (inszenierte) Abenteuergeschichte mit einem (für ihn) realen Verbrechen verwechselt und am Ende überrascht feststellen muss, dass die intertextuellen Hinweise ihn zu einer falschen Interpretation des Falles verführt haben – das ist neu und nur im Rahmen eines Buches möglich, das seine Mordfälle im durchlässigen Grenzbereich bzw. auf der Schwelle zwischen Fiktion und Wirklichkeit geschehen lässt.

Eine Variation des metaleptischen Kriminalromans, die vielleicht noch unheimlicher ist als in *Der Club Dumas* findet sich in einem Roman, in dem das bloße Lesen schon tödlich sein kann, wenn man an das falsche Buch gerät. Auch hier geht es um die Schwelle zwischen Fiktion und Wirklichkeit und darum, dass ein Durchlässigwerden dieser Grenze fatale Folgen hat. In dem Roman mit dem bezeichnenden Titel *Das letzte Buch* (2007)[8] des serbischen Autors Zoran Živković geschieht Folgendes: In der Buchhandlung Papyrus stirbt ein Kunde auf unerklärliche Weise. Das ist schon schlimm genug, denn, wie Kommissar Dejan Lukić treffend bemerkt, eine »Buchhandlung ist der letzte Ort, wo man Tote erwarten könnte«[9]. Es kommt aber noch schlimmer: In dieser Buchhandlung ereignen sich weitere rätselhafte Todesfälle.

Zuerst nimmt man an, dass jeweils ein Herzinfarkt die Todesursache war, doch die Obduktion kann dies nicht bestätigen. Dann wird vermutet, die Todesfälle seien Morde, die nach dem Vorbild von Umberto Ecos Roman *Der Name der Rose* begangen wurden, man habe also die Seiten eines

Buches mit Gift bestrichen. Aber auch das erweist sich als falsch. Kommissar Lukić kommt bei seinen Ermittlungen nicht weiter. Sogar der Geheimdienst, der sich einschaltet, weil man glaubt, es könne eine neue, von Terroristen entwickelte Waffe zum Einsatz gekommen sein, tappt im Dunkeln.

Es gibt noch weitere Tote, ehe dann die Lösung – wenn man es denn so nennen kann – gefunden wird: Die Opfer der rätselhaften Serie von Todesfällen sind schlicht und einfach daran gestorben, dass sie ein Buch lasen, in dem sie sich selbst als fiktive Figuren vorfanden. Die Erfahrung, nur Figuren in einem Roman zu sein, führte dazu, dass sie ihr wirkliches Selbst verloren.

Als diese Lösung – wie in traditionellen Detektivromanen üblich – am Ende zum Vorschein kommt, wird die mysteriöse Todesursache nochmals erläutert: Wie aus der modernen Physik bekannt ist, dürfen Materie und Antimaterie nicht miteinander in Berührung kommen. Geschieht dies doch, kommt es zu einer Explosion und nichts bleibt mehr übrig. Ein ganz ähnliches Resultat ergibt sich bei einer Kreuzung von zwei Wirklichkeiten, der fiktiven Wirklichkeit des Buches und der realen Wirklichkeit des Lesers. Treten fiktionale und empirische Wirklichkeit miteinander in Kontakt, dann hat das tödliche Folgen. Für die Leser war es also wirklich das *letzte* Buch, das sie noch lesen würden, denn ihm fielen sie zum Opfer.

Wie aber kam es dazu, dass sich die Leser in den Romanfiguren wiederfinden konnten? Wie sind sie in den Roman hineingeraten? Auch dieses Geheimnis wird am Ende gelüftet: Autor des Buches war Kommissar Lukić selbst. Er hat über den Mordfall, in dem er ermittelt, ein Buch verfasst und hat damit – als Autor dieses Buches – den

Lesern und Opfern, wie auch sich selbst als Ermittlerfigur, ihre jeweiligen Rollen bereits vorgeschrieben.

Der Mörder war also der Autor, aber das ist er in einem Kriminalroman ja schließlich immer – wenn auch nur im übertragenen Sinn. Aber diese Verschränkung von fiktionaler und realer Ebene ist in *Das letzte Buch* das Entscheidende. Umberto Eco erzählt, er habe *Der Name der Rose* geschrieben, weil er immer schon mal einen Mönch ermorden wollte.[10] Wie dieser Hinweis zeigt, ist es denkbar, dass sich Autoren von Krimis durchaus von einer gewissen Mordlust zum Verfassen ihrer Bücher motivieren lassen. Aber diese Mordlust leben sie an ihren fiktiven Gestalten aus. Sie wissen, im realen Leben tut man gut daran, die Grenzen zwischen Fiktion und Realität nicht zu verwischen. Und auch in Krimis wird diese Grenze im Allgemeinen eingehalten.

Im Roman *Der Club Dumas* von Pérez-Reverte kommt es zwar zu einer gewissen Verschränkung der Ebenen Literatur und Wirklichkeit, doch ist die dort beschriebene Welt eine literarische, fiktive Welt und Lucas Corso eine eindeu-

tig fiktive Figur. Die Verwirrungen, denen er sich ausgesetzt fühlt, sind Spiele oder Simulationen von Wirklichkeiten, die durch literarische Anspielungen erzeugt werden, die aber doch *innerhalb* der Welt des literarischen Textes bleiben. Die literarische Figur Lucas Corso und der Autor Pérez-Reverte gehören zwei verschiedenen Welten an, die streng getrennt bleiben.

Živković geht aber noch einen Schritt weiter, weil bei ihm der Autor eine Doppelexistenz als Kommissar Lukić im Text des Romans und als Autor außerhalb des Textes hat. Als Polizist ermittelt Lukić in einem Krimi, den er als Autor Živković gerade schreibt. Vorgeführt wird, wie fiktive Leser an der Einsicht sterben, dass sie nur Figuren eines literarischen Textes sind. Kann man noch einen Schritt weitergehen und den wirklichen Leser in dieses Spiel der Wirklichkeiten einbeziehen – oder anders gesagt: hineinziehen? Kann man die Schwindelgefühle, die solche Texte erzeugen, noch steigern?

Es gibt von Julio Cortázar (1914–1984) eine kurze Geschichte mit dem Titel *Park ohne Ende*,[7] in der ein Mann es sich in seinem Lehnstuhl bequem macht, um einen Roman zu lesen. Er hatte diese Lektüre bereits vor einigen Tagen begonnen, war aber durch eine wichtige geschäftliche Angelegenheit davon abgehalten worden, den Roman zu Ende zu lesen. Nun freut er sich zunächst auf die letzten Kapitel und genießt es dann, beim Lesen Schritt für Schritt die eigene Wirklichkeit hinter sich zu lassen und in die Welt des Romans einzutauchen.

Er erlebt mit, wie sich die beiden Protagonisten des Buches, eine Frau und ihr Liebhaber, treffen und wie der Liebhaber aufbricht, um einen Mann zu ermorden, der es sich gerade in einem Lehnstuhl bequem gemacht hatte, um die letzten Kapitel eines Romans zu lesen, dessen Lektüre er wegen einer wichtigen geschäftlichen Angelegenheit hatte unterbrechen müssen. Es wird ausdrücklich erwähnt, dass die Hunde nicht bellen, als der Mörder sich dem Haus nähert.

Die Prominenz des Lehnstuhls, in dem das Mordopfer seinen Roman liest, und der Hinweis auf die Hunde, die nicht bellen, als der Täter sich dem Tatort nähert, sind eindeutige Anspielungen auf die Gattung der Detektivgeschichte. Sherlock Holmes ist der berühmteste Vertreter des sogenannten Lehnstuhl-Detektivs *(armchair detective)*, der seine Fälle allein aufgrund der ihm zugetragenen Informationen und seiner analytischen Fähigkeiten löst, ohne seine bequeme Sitzgelegenheit verlassen zu müssen. Einer seiner bekanntesten Aussprüche – jener Sherlockismen, für die er berühmt ist – bezieht sich auf einen Hund, der nicht bellte, als der Verbrecher zuschlug.[12] Damit rückt Cortázar seine Erzählung in die Nähe der klassischen Detektivgeschichte.

Die Pointe dieser kurzen Erzählung ist aber eine andere: Eine Figur aus einem Roman ermordet einen Leser, der diesen Roman gerade liest. Das ist etwas Neues und für die traditionelle Detektivgeschichte Unerhörtes. Denn hier passiert etwas, das eigentlich nicht passieren dürfte: Die feste Grenze zwischen Fiktion und Wirklichkeit, zwischen der Welt des Romans und der Welt des Lesers, wird plötzlich aufgehoben. Deshalb wirkt die Geschichte so verstörend auf uns als Leser. Es stellt sich ein Gefühl des Unheimlichen ein, und wir schauen uns vielleicht unwillkürlich beim Lesen über die Schulter. Die Gefahr, vor der wir als Leser von Kriminalgeschichten sonst absolut sicher sind, erweist sich hier als

reale Gefahr. Denn der Leser wird das Opfer sein, von dem er gerade liest.

Die Grenzverletzung, die sich in Cortázars Geschichte ereignet, nimmt uns mit der gewohnten Sicherheit auch die Immunität vor dem Schrecken und dem Tod, die sonst beim Lesen von Krimis gewährleistet ist. Wer es sich bequem macht, um einen Krimi zu lesen, ist also vor nichts mehr sicher. Gerade weil diese Situation des Lesens so alltäglich ist, wird suggeriert: Du, ja, du als Leser könntest der Nächste sein. Die Tatsache, dass die Gefahr und der Tod trotz allem nur einen Leser in einem literarischen Text betreffen, kann diesen Eindruck nicht völlig vergessen machen.

Seit auch im Kriminalroman die Grenze zwischen fiktiver und realer Welt durchlässig geworden ist, kann sich niemand mehr sorglos der Illusion hingeben, einem gefährlichen Geschehen nur als distanzierter Beobachter beizuwohnen. Aber gehört das nicht auch zum *thrill*, zu jener Angstlust, die das Lesen von Krimis so lustvoll macht?

Von unendlichen Büchern und glücklichen Lesern: Im Labyrinth mit Jorge Luis Borges

Im Zeitalter des Büchertodes führen Geschichten von Büchermorden eindrücklich vor Augen, welch große Bedeutung das Buch für uns hatte und auch weiterhin haben wird. Büchermorde mögen nur eine kleine Abteilung in der mittlerweile unübersehbaren Bibliothek der Kriminalerzählungen und -romane sein, aber sie sind auf eine ganz eigene Weise mit dem Schicksal des Buches und der Bibliothek verbunden.

Auf der einen Seite repräsentieren Bücher und Bibliotheken Vorstellungswelten und auch ganz konkrete Lebensbereiche, die wir uns als frei von Gewalt und Verbrechen denken, die geradezu von ihrem Gegensatz geprägt zu sein scheinen. Mit Bibliotheken assoziieren wir Friedfertigkeit, besinnliche Ruhe, systematische Ordnung und vielleicht sogar eine Art von Geborgenheit. Auf der anderen Seite zeigen die hier besprochenen Büchermorde, dass das Buch und die Bibliothek durchaus im Mittelpunkt von Mord und Totschlag stehen können.

Das lässt sich natürlich daraus ableiten, dass die Gewalt und der Tod Teile unserer Welt und unserer Erfahrung sind und deshalb auch in Verbrechensgeschichten vorkommen. Aber das kann nicht die ganze Erklärung sein. Wenn wir heute über Büchermorde lesen, dann verbinden wir damit immer auch den möglichen Tod des Buches – und sein Weiterleben trotz allem! Bei keinem Autor kann man das so gut sehen wie bei einem, dem hier das letzte Wort gegeben werden soll.

Die Bibliothek in Umberto Ecos Roman *Der Name der Rose* (der auch, aber nicht nur, ein Kriminalroman ist), jene Bibliothek, die am Ende des Romans abbrennt, ist der »Bibliothek von Babel« in der gleichnamigen Erzählung[1] von Jorge Luis Borges (1899 –1986) nachempfunden. Gleich im ersten Satz wird dort die Bibliothek mit dem Ganzen der erfahrbaren Welt, dem Universum, gleichgesetzt. Das ist aber nicht die einzige Verbeugung Ecos vor Borges in diesem Roman. In dem Mönch Jorge von Burgos hat Eco dem argentinischen Schriftsteller ein weiteres Denkmal gesetzt. Ecos Jorge mag ein Fanatiker und ein Mörder sein, aber er ist vor allem eins: jemand, der an die Macht des Buches glaubt. Und das tat auch Borges. Allerdings war für ihn ein Buch mehr als nur ein Gefäß und Transportmittel für bestimmte Ideen, Ideale oder Ideologien.

Als Jorge Luis Borges im Frühjahr 1979 eine Vortragsreihe an der Universität Belgrano in Buenos Aires halten soll, wählt er als Thema für seinen ersten Vortrag »Das Buch«. Zu diesem Zeitpunkt ist er schon lange erblindet. Er kann Bücher nicht mehr lesen, und er interessiert sich, wie er sagt, auch nicht für die äußere Erscheinung von Büchern. Er will seinen Zuhörern und Zuhörerinnen nahebringen, welche Bedeutung die Idee des Buches im Laufe der Menschheitsgeschichte hatte und was Bücher für ihn selbst bedeutet haben (er spricht ja am Ende seines Lebens und weiß dies wohl auch). Vom Buch als bloßem Ersatz für das gesprochene Wort in der Antike über den aus dem Orient stammenden Begriff des Heiligen Buches bis zum Buch und seinem Autor als Repräsentanten bestimmter nationaler Eigenheiten reichen die überlieferten Vorstellungen.

Für Borges ist entscheidend, dass das Lesen eines Buches eine Art Freude oder Glücksgefühl vermittelt, weil es ein fortlaufendes Gespräch erlaubt, das nur auf diese Weise, beim Lesen und besonders beim Wiederlesen eines Buches, möglich wird. Durch das Lesen eines Buches mögen wir uns verändern, das ist leicht einzusehen. Aber für Borges verändert sich durch das Lesen auch das Buch selber: Der tote Gegenstand wird durch unsere Lektüre erst lebendig.

Wir als Leser sind nur das Instrument oder der Wirt (im Sinne einer Wirtspflanze) der Gedanken und Gefühle der ganzen Welt oder eben des Universums, die das Buch beinhaltet und die durch den Prozess des Lesens zum Leben erweckt werden. Dass wir als Leser an diesem unendlichen Gespräch teilhaben können, erklärt das Glücksgefühl, das Bücher uns bescheren. Borges glaubt, dass »das Buch eine der Möglichkeiten des Glücks ist, die die Menschen haben«, und deshalb ist seiner Ansicht nach das Verschwinden des Buches »unmöglich«[2]. Veranschaulicht hat er dieses Weiterleben des Buches in der Geschichte eines Büchermords.

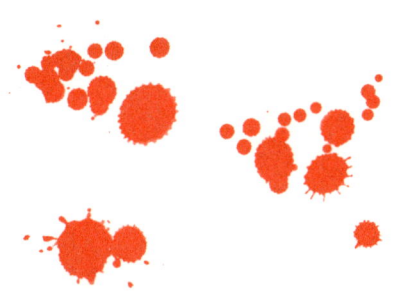

Borges hat sich zwar immer wieder in Essays mit Kriminalgeschichten und deren Autoren beschäftigt, aber er hat selber nur wenige Kriminalgeschichten geschrieben. Die merkwürdigste davon ist vielleicht *Der Tod und der Kompaß*[3]. In einer nicht weiter bezeichneten Stadt[4] soll der Dritte Talmudische Kongress stattfinden. Einer der Teilnehmer, Dr. Marcel Yarmolinsky, wird erstochen in seinem Hotelzimmer aufgefunden. Kommissar Treviranus und der Meisterdetektiv Lönnrot übernehmen die Ermittlungen.

Für den Kommissar ist der Fall klar: Dr. Yarmolinsky wurde aus Versehen ermordet, eigentlich sollte der im Zimmer nebenan logierende Tetrach von Galiläa seiner wertvollen Edelsteine beraubt werden, und der unglückliche Gelehrte wurde von den in Panik geratenen Dieben umgebracht. Lönnrot glaubt nicht daran, dass der Fall so einfach liegt. Ihm sind die kabbalistischen Bücher des Opfers aufgefallen, und vor allem konzentriert er sich auf einen Satz, den Dr. Yarmolinsky offensichtlich unmittelbar vor seinem Tod in seine Schreibmaschine getippt hatte: *»Der erste Buchstabe des NAMENS ist artikuliert worden.«*

Während Kommissar Treviranus mit den Büchern oder »Scharteken«, wie er sie nennt, nichts anfangen kann und sich mit »jüdischem Aberglauben« nicht befassen will, wird der Detektiv »[p]lötzlich bibliophil«[5] und nimmt die Werke mit nach Hause, um sie gründlich zu studieren. Er glaubt, dass das Mordmotiv im Zusammenhang mit den

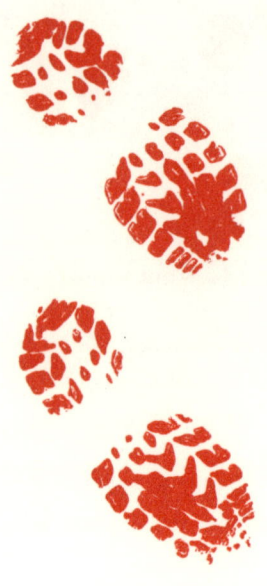

kabbalistischen Schriften steht, die den geheimen oder absoluten Namen Gottes offenbaren und damit die absolute Erkenntnis aller Dinge ermöglichen. Noch ein weiterer Mord wird begangen und ein drittes Verbrechen wird gemeldet, bevor es Lönnrot gelingt, die komplizierte Symbolik der Taten zu entziffern und den Gangster Red Scharlach, der hinter allem zu stecken scheint, zu überführen.

Doch am Ende kommt alles ganz anders. Die kabbalistischen Bücher Dr. Yarmolinskys dienten als Hinweisgeber, durch die der Detektiv bei seiner Ermittlung in die Irre geleitet wurde. Maßgebliche *clues* oder Hinweise, denen Lönnrot gefolgt war, stammen aus Büchern, die durch ihre Rätselhaftigkeit berühmt und berüchtigt sind. Die rätselhaften Zeichen, die Red Scharlach hinterlassen hatte, dienten also nur dazu, den Detektiv auf eine falsche Fährte zu lenken.

Auch der Gangster hatte nämlich die Bücher des ersten Mordopfers gelesen und dann erfahren, dass der Detektiv »in den Schriften Yarmolinskys den Schlüssel zum Mord an Yarmolinsky«[6] gesucht hatte. Daraus konnte er schließen, was Lönnrot fälschlicherweise für das Mordmotiv hielt, nämlich das Ziel, den wahren Namen Gottes in Erfahrung zu bringen, um zu unendlicher Macht zu gelangen. Diesen Irrtum macht sich der Mörder gezielt zunutze, um den Detektiv in eine Falle zu locken. Und so führt Lönnrots erfolgreiche Ermittlung schließlich genau dorthin, wohin ihn der Mörder gelenkt hatte: zum Tod des Detektivs.

Der Polizist – der in der traditionellen Detektiv-geschichte immer mit seinen Annahmen in die Irre geht – hatte hier von Anfang an recht. Der Detektiv dagegen verirrt sich in einem »Labyrinth«[7] aus Büchern und falsch interpretierten mythischen Symbolen. Kurz bevor Red Scharlach Lönnrot erschießt, gibt er ihm ein Versprechen: Wenn er den Detektiv das nächste Mal, nach einer Wieder-geburt, tötet, dann wird er ein anderes Labyrinth erstel-len – eines, das nur aus einer einzigen geraden Linie be-steht und das »unsichtbar, unaufhörlich ist«[8].

Wenn ein Labyrinth nur aus einer Linie besteht, dann kann es kein herkömmliches Labyrinth im Raum sein, denn das wäre ja dreidimensional. Aus einer der wenigen ande-ren Kriminalgeschichten von Borges wissen wir aber, dass für ihn Bücher eine Art von Labyrinth sind.

In *Der Garten der Pfade, die sich verzweigen* geht es um ein Buch als »Labyrinth aus Symbolen«, ein »Labyrinth aus Labyrinthen«[9]. In ihm müssen sich alle Menschen verirren, weil es zugleich auch ein Labyrinth der Zeit ist, also Ver-gangenheit, Gegenwart und Zukunft umfasst. Der Verlauf der Zeit lässt sich als Linie darstellen, von der Vergangen-heit über die Gegenwart bis in die Zukunft. Dieses Laby-rinth kann nur auf eine einzige Weise verwirklicht werden: als Buch. Das ideale Buch ist ein »Garten der Pfade, die

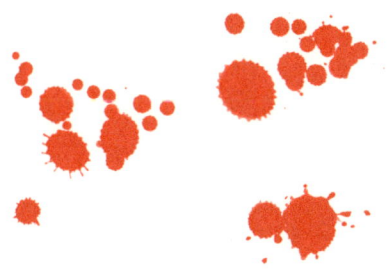

sich verzweigen«, es ist ein »im strengen Sinne«[10] unend-
liches Labyrinth, weil es alle Möglichkeiten des Handelns
einschließt und damit verschiedene Zukünfte erschafft, die
wiederum neue Verzweigungsmöglichkeiten erzeugen. So
wie die Geschichte von Lönnrot und Red Scharlach anscheinend nie enden wird, weil sie sich in einem Labyrinth
befinden, so wird auch das Buch unendlich sein.

Am Ende schließt sich der Kreis, der eingeleitet wurde
mit der Frage nach der Popularität von Büchermorden im
Zeitalter des Büchertodes. Glaubt man Borges (und inzwischen auch vielen anderen), kann dieser Büchertod nie
absolut sein, das Buch kann zwar durch andere Datenträger
ergänzt und vielleicht auf weite Strecken ersetzt werden, es
kann aber nicht mehr gänzlich aus unserem Leben verschwinden. Das Buch wird uns weiter faszinieren, es wird
weiter – und jetzt erst recht – ein Objekt der Begierde sein,
es wird weiter fatale Leidenschaften auslösen und weiter auf
die verschiedensten rätselhaften Weisen in Mordgeschichten verwickelt sein.

Anmerkungen

Von Büchern und Bluttaten

1 Davon mag es Ausnahmen geben (einige davon werden in Kap. 7 behandelt), aber im Großen und Ganzen gilt dieser Satz.

2 Zu der erst auf den zweiten Blick sich offenbarenden »Morbidität der Bibliothek« vgl. Eric W. Steinhauer: *Büchergrüfte. Warum Büchersammeln morbide ist und Lesen gefährlich.* Darmstadt 2014, S. 7.

3 S. S. Van Dine (Willard Huntington Wright): »Zwanzig Regeln für das Schreiben von Detektivgeschichten«. In: Jochen Vogt (Hg.): *Der Kriminalroman. Zur Theorie und Geschichte einer Gattung.* Band 1. München 1971, S. 144. Dieser Regelkatalog stammt aus dem Jahr 1928.

4 *Ein Skandal in Böhmen, Die Liga der Rotschöpfe* und *Eine Frage der Identität,* alle 1891 erschienen im Strand Magazine. Die beiden vorher erschienenen Romane *Eine Studie in Scharlachrot* und *Das Zeichen der Vier* hatten freilich etliche Leichen zu verzeichnen, aber bei den weitaus erfolgreicheren kürzeren Erzählungen gab es erst in der vierten, *Das Rätsel von Boscombe Valley,* einen Mord aufzuklären.

5 Edgar Allan Poe: *Der Mord in der Rue Morgue. Geschichten zwischen Tag, Traum und Tod.* Hamburg 1959, S. 40.

6 Arthur Conan Doyle: *Studie in Scharlachrot*. Frankfurt am Main/Berlin/Wien 1983, S. 24.

7 Arthur Conan Doyle: »Eine Frage der Identität«. In: *Die Abenteuer des Sherlock Holmes*. Berlin 2015, S. 82.

8 Ulrich Schulz-Buschhaus: *Formen und Ideologien des Kriminalromans. Ein gattungsgeschichtlicher Essay*. Frankfurt am Main 1975, S. 7.

9 Stefanie Stockhorst: Eintrag »Bibliomanie«. In: Bettina von Jagow, Florian Steger (Hg.): *Literatur und Medizin. Ein Lexikon*. Göttingen 2005, S. 122–125.

10 Beispiele, von denen einige auch im Folgenden ausführlicher vorgestellt werden, finden sich ebda, S. 123–125.

11 Klaus Seehafer: *Magister Tinius. Lebensbild eines Verbrechers aus Büchergier*. Essay. Mainz 2013, S. 255–270.

12 Offenbarung des Johannes X,10. Zu den verschiedenen Arten, ein Buch zu verschlingen vgl. Hektor Haarkötter: *Der Bücherwurm. Vergnügliches für den besonderen Leser*. Darmstadt 2012, S. 101–116.

13 Seehafer: *Magister Tinius*, S. 262.

14 Hole Rößler: »Das ungelesene Buch. Historische Konjunkturen einer polemischen Figur«. In: *Recherche. Zeitung für Wissenschaft* 2/2012. http://www.recherche-online.net/roessler-das-ungelesene-buch.html.

15 Zwischen Detektivromanen und Kriminalromanen wird hier unterschieden. Detektivromane stellen immer am Anfang ein Rätsel, nämlich wer das Verbrechen begangen hat. Bei Kriminalromanen ist das nicht immer so. Gerade bei neueren Kriminalromanen weiß man oft schon, wer der Mörder war. Zur Unterscheidung dieser beiden Begriffe vgl. Thomas Kniesche: *Einführung in den Kriminalroman*. Darmstadt 2015, S. 7–19.

16 http://www.kaliber38.de/navigator/themen/kunst/
buch.html.

17 Marshall McLuhan: *Die Gutenberg-Galaxis. Das Ende des
Buchzeitalters* (orig. 1962), Norbert Bolz: *Am Ende der Gutenberg-Galaxis* (1993), Manuel Castells: *Das Informati-
onszeitalter. Wirtschaft, Gesellschaft, Kultur* (orig. 1996).

18 Von Don Vincente, einem Bibliomanen und Büchermörder, von dem in Kap. 1 die Rede ist, wird erzählt,
dass er sich davon ernährte, verschimmelte Buchdeckel
zu einem Brei aufzukochen oder Kekse daraus zu ba-
cken. Ob das frei erfunden ist, bleibe dahingestellt. Vgl.
Detlev Opitz: *Der Büchermörder.* Berlin 2005, S. 272.

1. Historische Büchermörder und ihre literarischen Doppelgänger

1 Dieser Fall wird erwähnt in: »Book Thieves«. In: *Book-
Lore. A Magazine Devoted to Old Time Literature.* Band IV.
London 1886, S. 163–164.

2 Diese Zahl findet sich bei Basbanes. Nach Pechmann sollen es neun Morde gewesen sein. Vgl. Nicholas A. Basbanes: *A Gentle Madness. Bibliophiles, Bibliomanes, and the
Eternal Passion for Books.* New York 1995, S. 33; Alexander
Pechmann: *Das Haus des Bücherdiebs.* Berlin 2010, S. 38.

3 Gustave Flaubert: »Bücherwahn«. In: Hans Marquardt
(Hg.): *Bücherwahn. Drei Erzählungen.* Gütersloh 1983,
S. 80.

4 Detlef Opitz: *Der Büchermörder.* Frankfurt am Main 2005,
S. 270–277.

5 Wichtiger als die Zahl der Morde, die man Don Vincente zur Last gelegt hat, ist, dass seine Geschichte wahrscheinlich frei erfunden war. Vgl. dazu »A. M. C. Knuts-

son: ›Bilbiomania‹: Gustave Flaubert; Don Vincente, Catalan monk and Barcelona bookseller; Murder and Planas' Argument with a Legend.« In: *ARCA. Association for Research into Crimes against Art*, 10. März 2014 (http://art-crime.blogspot.com/2014/03/biblioma-nia-gustave-flaubert-don.html).

6 Opitz: *Der Büchermörder*, S. 273.

7 Eine Übersicht findet sich bei Stefanie Stockhorst: »Inszenierte Spurensuche. Detlef Opitz' Roman ›Der Büchermörder‹ und die Literatur über den Kriminal-fall des Johann Georg Tinius«. In: Alexander Košenina (Hg.): *Kriminalfallgeschichten*. München 2014, S. 211–224.

8 Seehafer: *Magister Tinius*, S. 66.

9 In der digitalen Bibliothek der Bayerischen Staats-bibliothek kann man die Bände des *Neuen Pitaval* bis 1873 online lesen, weitere Bände sind von anderen Anbietern erschlossen worden. Vgl. https://de.wiki-source.org/wiki/Der_neue_Pitaval.

10 J[ulius] E[duard] Hitzig, W[ilhelm] Häring (W. Alexis) (Hg.): *Der neue Pitaval. Eine Sammlung der interessantesten Criminalgeschichten aller Länder aus älterer und neuerer Zeit.* Erster Theil. Leipzig 1842, S. XIII.

11 »Der Magister Tinius (1812 – 1813 – 1823)«. In: *Der neue Pitaval*. Vierter Theil. Leipzig 1843, S. 149–223.

12 Ebda, S. 160.

13 Goethes Werke, herausgegeben im Auftrage der Groß-herzogin Sophie von Sachsen. Weimar 1887–1919.

14 Opitz: *Der Büchermörder,* S. 60.

15 Ebda, S. 73.

16 Ebda, S. 75.

17 Ebda, S. 149.

18 Stockhorst: »Inszenierte Spurensuche«, S. 220.

19 Seehafer: *Magister Tinius,* S. 234.

2. Das Buch als Objekt der Begierde

1 Umberto Eco/Jean-Claude Carrière: *Die große Zukunft des Buches.* Gespräche mit Jean-Philippe de Tonnac. München 2011, S. 119.

2 Die amerikanischen Fernsehfassungen dieser Reihe liefen auch synchronisiert im deutschen Fernsehen unter dem Titel *Spenser.*

3 Das 1973 erschienene Original hatte den Titel *The Godwulf Manuscript.* Die deutsche Übersetzung liegt seit 1976 vor.

4 Einen kurzen Überblick über die Geschichte der Schriftträger gibt Harald Haarman: *Geschichte der Schrift. Von den Hieroglyphen bis heute.* München 2009, S. 57–74.

5 Peter Stoicheff: »Materials and Meaning«. In: Leslie Howsam (Hg.): *The Cambridge Companion to the History of the Book.* Cambridge 2015, S. 81.

6 Fast alle Cadfael-Romane wurden mit Sir Derek Jacobi in der Titelrolle verfilmt. Alle Romane liegen in deutscher Übersetzung vor.

7 Das englische Original *The Heretic's Apprentice* war 1990 erschienen.

8 Ellis Peters: *Bruder Cadfael und der Ketzerlehrling.* Hamburg 1992, S. 232.

9 Ebda, S. 295.

10 Ebda, S. 284.

11 Ebda, S. 291.

12 Um hier schließlich doch noch auf den Filmklassiker *Dieses obskure Objekt der Begierde* (1977) von Luis Buñuel anzuspielen.

13 Peter: *Bruder Cadfael und der Ketzerlehrling*, S. 295.

14 Ebda.

3. Dem Täter auf der Spur

1 Das amerikanische Original *The Dewey Decimal System* war 2011 erschienen, die deutsche Übersetzung folgte 2014.

2 Einen Überblick gibt Jane Merrill Filstrup: »The Shattered Calm: Libraries in Detective Fiction«. *Wilson Library Bulletin*, Dez. 1978, S. 320–327 und Jan. 1979, S. 392–398. Etwas weiter gefasst, nämlich der Frage nachgehend, welche Rollen Bibliothekare und Bibliothekarinnen in literarischen Texten überhaupt, also nicht nur in Kriminalromanen, spielen, ist die kommentierte Bibliographie von Grant Burns: *Librarians in Fiction. A Critical Bibliography*. Jefferson/NC, London 1998.

3 Das amerikanische Original erschien 2004 unter dem Titel *The Bookman's Promise*.

4 *Booked to Die* erschien zuerst 1992 und wurde dann 2001 als Taschenbuch mit dem erwähnten Vorwort neu herausgegeben.

5 Vgl. Georg Christoph Lichtenberg: *Aphorismen*. Stuttgart 2004, S. 82.

6 Das schwedische Original erschien 2013.

1 Diese und noch andere ungewöhnliche Mordmethoden kann man nachlesen in dem Eintrag »Weapons, Unusual Murder« von B. J. Rahn in: Rosemary Herbert (Hg.): *The Oxford Companion to Crime and Mystery Writing*. New York/Oxford 1999, S. 492–493.

2 Das Original *The Cape Cod Mystery* erschien bereits 1931.

3 Die Ähnlichkeit ihrer Nachnamen könnte bereits ein Indiz für die Gleichheit ihrer Rollen im Roman sein.

4 Im Original lautet der Titel *Reverence*, was sowohl »Anspielung, Hinweis« als auch »Berufung, Zeugnis usw.« bedeuten kann.

5 Phoebe Atwood Taylor: *Kraft seines Wortes*. Köln 1986, S. 222.

6 Das italienische Original erschien 1980.

7 Umberto Eco: *Der Name der Rose*. München/Wien 1982, S. 610–611.

8 *The Greene Murder Case*. Die erste deutsche Übersetzung erschien 1975 unter dem Titel *Mordakte Greene*. Später erhielt sie den Titel *Der Mordfall Greene*.

9 Walter Gerteis: *Detektive. Ihre Geschichte im Leben und in der Literatur*. München 1953, S. 165.

10 S. S. van Dine: *Der Mordfall Greene*. Köln 1991, S. 7.

11 Ebda. – Der Vollständigkeit halber soll nicht verschwiegen werden, dass noch ein anderes Buch, nämlich ein Märchen der Brüder Grimm, die Mordserie inspiriert hat, worauf Volker Neuhaus in seinem Nachwort zum Roman hingewiesen hat (in: *Der Mordfall Greene*, S. 326).

12 S. S. van Dine: *Der Mordfall Greene*, S. 294.

13 Ebda.

14 Das englische Original erschien 1951 unter dem Titel *Operation Pax* und war auch unter dem Titel *The Paper Thunderbolt* erhältlich.

5. Der Mord in der Bibliothek

1 Agatha Christie: *Die Tote in der Bibliothek. Ein Fall für Miss Marple.* Bern/München/Wien 2000, S. 13.
2 Bertolt Brecht: »Über die Popularität des Kriminalromans«. In: Jochen Vogt (Hg.): *Der Kriminalroman. Poetik, Theorie, Geschichte.* München 1998, S. 33.
3 Ebda.
4 Ebda.
5 Agatha Christie: *Die Tote in der Bibliothek,* S. 7.
6 Ebda, S. 18.
7 Ebda, S. 16.
8 Ernst Bloch: »Philosophische Ansicht des Detektivromans«. In: Jochen Vogt (Hg.): *Der Kriminalroman. Poetik, Theorie, Geschichte.* München 1998, S. 45–47.
9 Umberto Eco/Jean-Claude Carriere: *Die große Zukunft des Buches.* München 2011, S. 258–259.
10 Eine Neuauflage des amerikanischen Originals erschien 2013. Eine deutsche Übersetzung liegt nicht vor.
11 Eine deutsche Übersetzung liegt nicht vor.
12 Die Originalausgabe erschien 2005.
13 *Ein perfektes Leben* (2003), *Handel der Gefühle* (2004), *Labyrinth der Masken* (2005), *Das Meer der Illusionen* (2005).
14 Leonardo Padura: *Der Nebel von gestern.* Zürich 2010, S. 338.

6. Bildung schützt vor Blutdurst nicht

1 John E. Kramer Jr., John E. Kramer III: *College Mystery Novels. An Annotated Bibliography, Including a Guide to Professorial Series-Character Sleuths.* New York/London 1983.

2 Wystan Hugh Auden: »Das verbrecherische Pfarrhaus«. In: Viktor Žmega (Hg.): *Der wohltemperierte Mord. Zur Theorie und Geschichte des Detektivromans.* Frankfurt am Main 1971, S. 137.

3 Sehr schön wird das gezeigt bei Ulrich Suerbaum: *Krimi. Eine Analyse der Gattung.* Stuttgart 1984, S. 110–111.

4 Interessanterweise haben deutlich mehr Krimiautoren und -autorinnen in Oxford studiert als in Cambridge und ist Oxford häufiger der Schauplatz literarischer Morde als Cambridge; vgl. Margaret Yorke: »Oxford vs. Cambridge. The Dark Blues Have the Most«. In: Dilys Winn (Hg.): *Murder Ink. The Mystery Reader's Companion.* New York 1977, S. 264.

5 »Thea Dorn« heißt in Wirklichkeit Christiane Scherer und wählte ihr Pseudonym aus Verehrung für den großen Philosophen Theodor W. Adorno (1903–1969).

6 Eine deutsche Übersetzung dieses 1956 erschienenen Roman gibt es leider nicht. Der Titel würde lauten: Landschaft mit toten Professoren.

7 Das Original erschien 1995 unter dem Titel *Oxford Exit.*

8 Das Original *By Its Cover* erschien 2014.

9 Das könnte eine Anspielung auf den berühmt-berüchtigten ehemaligen Mönch, Bücherdieb und Mörder Don Vincente sein der (vgl. Kap. 1).

10 Das fiktive Centerville College ist der Ort der Handlung. Der Danksagung am Ende des Romans und Klaus Modicks Biographie kann man entnehmen, dass das Middlebury College in Vermont das Vorbild dafür war.

11 Eine unangenehme Bekanntschaft mit diesem Ausschuss machten u. a. auch Thomas Mann, Bertolt Brecht und Hanns Eisler. Alle drei Genannten verließen in der Folge die USA und kehrten nach Europa zurück.

12 Genauer gesagt handelt es sich bei *Die Schatten der Ideen* um einen »retrospektiven historischen Ermittlungsroman« im Gegensatz zu den weitaus verbreiteteren historischen Kriminalromanen, in denen sowohl das Verbrechen als auch die Ermittlung in der Vergangenheit stattfinden; vgl. Achim Saupe: *Der Historiker als Detektiv – der Detektiv als Historiker. Historik, Kriminalistik und der Nationalsozialismus als Kriminalroman.* Bielefeld 2009, S. 267–268.

7. Postmoderne Bücherkrimis

1 Vgl. Carl Pietzcker: »Zur Psychoanalyse der literarischen Form«. In: Sebastian Goeppert (Hg.): *Perspektiven psychoanalytischer Literaturkritik.* Freiburg 1978, S. 151.

2 Thomas Anz: Literatur und Lust. Glück und Unglück beim Lesen. München 2002, S. 136.

3 Das spanische Original war 1993 erschienen. Im Jahr 1999 verfilmte Roman Polanski den Roman mit Johnny Depp in der Hauptrolle. Der deutsche Titel lautet *Die neun Pforten.*

4 Das norwegische Original erschien 1991.

5 Gérard Genette: *Die Erzählung*. München 2010, S. 152.

6 Ebda, S. 153.

7 Gemeint sind hier das Drama *The Tragical History of the Life and Death of Doctor Faustus* (1604) von Marlowe, die beiden Teile des *Faust* (Teil I von 1808, Teil II von 1832) von Goethe und Thomas Manns Roman *Doktor Faustus* (1947).

8 Erscheinungsdatum des Originals. Die deutsche Übersetzung erschien 2008.

9 Zoran Živković: *Das letzte Buch*. München 2008, S. 9.

10 Umberto Eco: *Nachschrift zum ›Namen der Rose‹*. München 1984, S. 21.

11 Julio Cortázar: »Park ohne Ende«. In: *Ende des Spiels*. Frankfurt am Main 1977, S. 137–139.

12 In der Erzählung *Silver Blaze,* enthalten in *Memoirs of Sherlock Holmes* (1893).

Von unendlichen Büchern und glücklichen Lesern

1 Jorge Luis Borges: »Die Bibliothek von Babel«. In: *Fiktionen. Erzählungen 1939–1944*. Frankfurt am Main 2006, S. 67–76.

2 Jorge Luis Borges: »Das Buch«. In: *Die letzte Reise des Odysseus. Vorträge und Essays 1978–1982*. Frankfurt am Main 2006, S. 21.

3 Jorge Luis Borges: »Der Tod und der Kompaß«. In: *Fiktionen. Erzählungen 1939–1944*. Frankfurt am Main 2006, S. 117–130.

4 Diese Stadt sollte laut Borges »eine Albtraumfassung von Buenes Aires« sein (vgl. *Fiktionen. Erzählungen 1939–1944,* S. 182).

5 Borges: »Der Tod und der Kompaß«, S. 119.

6 Ebda, S. 128. Auf sehr ähnliche Weise hat Umberto Eco die Detektivgeschichte in *Der Name der Rose* konstruiert. Das ist die dritte Verbeugung Ecos vor seinem großen Vorbild. Vgl. dazu Thomas Kniesche: *Einführung in den Kriminalroman.* Darmstadt 2015, S. 98.

7 Borges: »Der Tod und der Kompaß«, S. 127.

8 Ebda, S. 130.

9 »Der Garten der Pfade, die sich verzweigen«. In: *Fiktionen. Erzählungen 1939–1944.* Frankfurt am Main 2006, S. 81 u. S. 84. Umberto Eco hat in der *Nachschrift zum ›Namen der Rose‹* (S. 64–66) drei Arten von Labyrinthen unterschieden: das klassische, das einen Eingang und einen Ausgang hat, mit dem Minotaurus in der Mitte; das barocke, das Ein- und Ausgang hat, aber keine Mitte; und schließlich das Labyrinth »als Netzwerk«, das »vieldimensional vernetzt ist«, weder Zentrum noch Ausgang hat und das »potentiell unendlich« ist. Dem entspricht Borges' Idee vom Buch als unendlichem Labyrinth.

10 Borges: »Der Garten der Pfade«, S. 84.

LITERATUR

Im Buch besprochene Kriminalromane und -erzählungen

Jorge Luis Borges: »Der Tod und der Kompaß«. In: *Fiktionen. Erzählungen 1939–1944.* Frankfurt am Main 2006, S. 117–130.

Gwen Bristow und Bruce Manning: *The Gutenberg Murders.* New York 1931.

Agatha Christie: *Die Tote in der Bibliothek. Ein Fall für Miss Marple.* Bern/München/Wien 2000.

Julio Cortázar: »Park ohne Ende«. In: Ders. *Ende des Spiels.* Frankfurt am Main 1977, S. 137–139.

Amanda Cross: *In besten Kreisen.* Frankfurt am Main 1997.

S. S. van Dine: *Der Mordfall Greene.* Köln 1991.

John Dunning: *Das Geheimnis des Buchhändlers.* Berlin 2007.

Charles J. Dutton: *Murder in a Library.* New York 1931 [Neuauflage San Bernadino 2013].

Umberto Eco: *Der Name der Rose.* München/Wien 1982.

Gustave Flaubert: »Bücherwahn«. In: Hans Marquardt (Hg.): Bücherwahn. Drei Erzählungen. Gütersloh 1983, S. 33–80.

Charles A. Goodrum: *Dewey Decimated.* New York 1977.

Michael Innes: *Unternehmen Pax.* Bern und München 1966 [Neuauflage München und Zürich 1992].

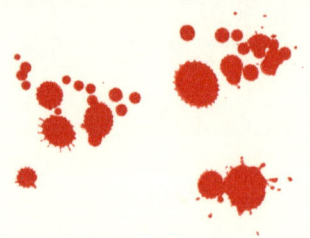

Nathan Larson: *2/14. Ein Dewey-Decimal-Roman.* Zürich 2014.

Donna Leon: *Tod zwischen den Zeilen.* Zürich 2015.

Klaus Modick: *Die Schatten der Ideen.* Berlin 2008.

Leonardo Padura: *Der Nebel von gestern.* Zürich 2010.

Martin Olczak: *Die Akademiemorde.* München 2014.

Detlef Opitz: *Der Büchermörder.* Frankfurt am Main 2005.

Robert B. Parker: *Spenser und das gestohlene Manuskript.* Frankfurt am Main/Berlin/Wien 1984 [Neuausgabe Bielefeld 2015].

Arturo Pérez-Reverte: *Der Club Dumas.* München 2005.

Ellis Peters: *Bruder Cadfael und der Ketzerlehrling.* Hamburg 1992.

Edgar Allan Poe: *Der Mord in der Rue Morgue. Geschichten zwischen Tag, Traum und Tod.* Hamburg 1959.

Robert Robinson: *Landscape with Dead Dons.* New York 1956.

Veronica Stallwood: *Letzte Ausfahrt Oxford.* Köln 2005.

Phoebe Atwood Taylor: *Kraft seines Wortes.* Köln 1986.

Zoran Živković: *Das letzte Buch.* München 2008.

Weitere zur Lektüre empfohlene Büchermorde

Jen Banbury: *Von einer, die auszog.* Reinbek 2000.

Morris Bishop: *The Widening Stain.* [New York] 1942 [Neuauflage Boulder 2007].

Charity Blackstock: *Dewey Death*. New York 1958.

Horst Bosetzky: *Bücherwahn. Kappes 10. Fall* (Es geschah in Berlin). Berlin 2010.

Andreas Gruber: *Todesfrist*. München 2013.

Hazel Holt: *The Cruellest Month*. New York 1992.

Klaas Huizing: *Der Buchtrinker*. München 1994.

Bernard Jaumann: *Saltimbocca*. Berlin 2002.

Bodo Kirchhoff: *Schundroman*. Frankfurt am Main 2002.

Marianne MacDonald: *Der Stammkunde*. Berlin 2007.

Charlotte MacLeod: *Schlaf in himmlischer Ruh*. Köln 1986.

Karim Misk: *Entfliehen kannst du nie*. Köln 2014.

Matthew Pearl: *Der Dante Club*. München 2005.

Pablo de Santis: *Die Fakultät*. Zürich 2003.

Leslie Silbert: *Der Marlowe-Code*. München 2004.

Martin Walser: *Tod eines Kritikers*. Frankfurt am Main 2002.

Literatur zu Bibliomanie, Bücherdieben und Büchermördern

Nicholas A. Basbanes: *A Gentle Madness. Bibliophiles, Bibliomanes, and the Eternal Passion for Books*. New York 1995.

Jane Merrill Filstrup: »The Shattered Calm: Libraries in Detective Fiction«. *Wilson Library Bulletin,* Dez. 1978, S. 320–327 und Jan. 1979, S. 392–398.

J[ulius] E[duard] Hitzig, W[ilhelm] Häring (W. Alexis) (Hg.): *Der neue Pitaval. Eine Sammlung der interessantesten Criminalgeschichten aller Länder aus älterer und neuerer Zeit.* 60 Bde. Leipzig 1842–1890.

NN: »Book Thieves«. In: *Book-Lore. A Magazine Devoted to Old Time Literature.* Band IV. London 1886, S. 163–164.

Alexander Pechmann: *Das Haus des Bücherdiebs.* Berlin 2010.

Klaus Seehafer: *Magister Tinius. Lebensbild eines Verbrechers aus Büchergier.* Essay. Mainz 2013.

Stefanie Stockhorst: »Inszenierte Spurensuche. Detlef Opitz' Roman ›Der Büchermörder‹ und die Literatur über den Kriminalfall des Johann Georg Tinius«. In: Alexander Košenina (Hg.): *Kriminalfallgeschichten.* München 2014, S. 211–224.

Ausgewählte Literatur zum Kriminalroman

Thomas Kniesche: *Einführung in den Kriminalroman.* Darmstadt 2015 [Neuere Einführung, deren Bewertung hier aus Befangenheitsgründen unterbleibt].

Ulrike Leonhardt: *Mord ist ihr Beruf. Eine Geschichte des Kriminalromans.* München 1990 [Lückenhafte, aber recht übersichtliche Darstellung der Geschichte der Gattung].

Edgar Marsch: *Die Kriminalerzählung. Theorie, Geschichte, Analyse.* München 1972 [Eine der ersten deutschsprachigen Gesamtdarstellungen zum Thema. Ergänzt in späteren Ausgaben und immer noch mit Gewinn zu lesen].

Peter Nusser: *Der Kriminalroman.* Stuttgart 2009 [Vom Ansatz her überholte, aber immer noch nützliche Einführung].

Jochen Schmidt: *Gangster, Opfer, Detektive. Eine Typengeschichte des Kriminalromans* [Von einem Literaturkritiker geschriebene, bisher umfassendste deutschsprachige Darstellung über die Geschichte des Kriminalromans].

Ulrich Suerbaum: *Krimi. Eine Analyse der Gattung.* Stuttgart 1984 [Nicht mehr auf dem neuesten Stand, aber immer noch eine gute Einführung].

Julian Symons: *Am Anfang war der Mord.* München 1972 [Mittlerweile in die Jahre gekommene, aber amüsant und kenntnisreich geschriebene Übersicht über die Geschichte des Kriminalromans].

Jochen Vogt (Hg.): *Der Kriminalroman. Poetik, Theorie, Geschichte.* München 1998 [Sammlung von Texten zum Thema. Standardwerk zur Theorie und Geschichte des Kriminalromans].

Viktor Žmegač (Hg.): *Der wohltemperierte Mord. Zur Theorie und Geschichte des Detektivromans.* Frankfurt am Main 1971 [Überschneidet sich zum Teil mit dem Band von Vogt, bildet aber immer noch eine gute Ergänzung dazu].

DANK

Ich möchte Jasmine Stern danken für die Anregung, dieses Buch zu schreiben. Von allein wäre ich nicht darauf gekommen, mich mit dem faszinierenden Thema Büchermorde zu beschäftigen. Dank gebührt ferner Johannes Christof und Elke Austermühl für das kritische, aber äußerst hilfreiche Lektorat. Ohne ihre Hilfe wäre das Buch weitaus weniger lesbar geworden, als es jetzt hoffentlich ist. Ich habe beim Schreiben viel gelernt. Und schließlich sei gedankt Sandra Beck, Volker Neuhaus, Jochen Vogt und Thomas Wörtche für Hinweise zu Krimis mit Büchermorden.